"中国丝绸文物分析与设计素材再造关键技术研究与应用"项目 (2013BAH58F00)

中国古代丝绸设计素材图系

ORNAMENTAL PATTERNS FROM ANCIENT CHINESE TEXTILES
PAINTED IMAGES

图像卷

赵丰◎总主编　　袁宣萍◎分册主编

ZHEJIANG UNIVERSITY PRESS
浙江大学出版社

总　序

赵　丰

　　丝绸是中国古代最为重要的发明创造之一，距今已有五千多年的历史。自起源之日起，丝绸就是技术与艺术的完美结合。一方面，她是一项科学技术的创造发明。先人们栽桑养蚕，并让蚕吐丝结茧，巧布经纬将其织成锦绮，还用印花刺绣让虚幻仙境和真实自然在织物上体现。在这一过程中，就有着无数项创造发明的专利，其中最为巧妙和重要的就是在提花机上装载了专门的花本控制织物图案，这直接启蒙了早期电报和计算机的编程设计。同时，丝绸印染也是我国古代科技史上的重大发明，汉代的雕版印花技术是最早的彩色套印技术，对印刷术的发明有直接的启发；而唐代的夹缬印染技术也是世界印染史上的一大创造发明，一直沿用至今。另一方面，丝绸更是一门艺术，一门与时尚密不可分的艺术。衣食住行衣为首，蚕丝纤维极好的服用性能和染色性能，使其色彩远较其他设计类型如青铜、瓷品等更为丰富。所以，丝绸能直接代表服用者的地位和特点，能直接代表人们对时尚和艺术的喜好；丝绸的艺术为东西方所推崇，成为古代中国最为重要、最受推崇的艺术设计门类。

　　与其他门类的文物相比，丝绸在中国历代均有丰富的遗存。最早的丝绸出土于五千多年前的新石器时代文化遗址中，在商周早期的各种遗存中也可以找到不少丝绸的实物。而完好精美的丝绸织绣服装在战国时期的墓葬中开始大量出现，如湖北的江陵马山楚墓、江西的李家坳东周墓。汉唐间的丝绸出土更是数量巨大、保存精好，特别是汉唐间丝绸之路沿途出土的丝绸更为重要，其中包括了来自东西两个方向的丝绸珍品，丝绸图案中也体现了两种艺术源流的交融和发展。宋、元、明、清各代，除相当数量的出土实物外，丝绸还有大量的传世实物。这些实物一部分保存在博物馆中，特别是如故宫一类的皇家建筑之中，另一部分保存在如布达拉宫等宗教建筑之中。这些丝绸文物连同更为大量的民间织绣，是中国丰富的文化遗产的一部分。

在丰富的实物遗存中，丝绸为我们留下了极好的设计素材，成为我们传承和创新的源泉。因此，由浙江凯喜雅集团和中国丝绸博物馆牵头，联合浙江大学、东华大学、浙江理工大学、浙江工业大学、浙江科技学院等高等院校，根据国家文化科技创新工程的要求，我们申报了"中国丝绸文物分析与设计素材再造关键技术研究与应用"项目（2013BAH58F00），开展了相关研究工作。其主要目的是加强高新技术与织造、印染、刺绣等中国传统工艺的有机结合，研究建立文化艺术品知识数据库，促进传统文化产业的优化与升级，在传承民族传统工艺特色的基础上，推陈出新，让古老的丝绸焕发新的生命力。

我们的项目从 2013 年开始，到 2015 年年底恰好三年，已基本完成。项目包括三个课题：一是丝绸文物信息提取与设计素材再造方法研究，二是丝绸文物专家系统研发，三是丝绸文物创新设计技术研究与技术示范。其中第一部分是中国丝绸文物的基本素材的收集与整理，这一课题的负责人是周旸，参与机构有中国丝绸博物馆、东华大学、浙江工业大学、浙江科技学院，其中设计素材部分的主要参加人员有王乐、徐铮、汪芳、赵帆、袁宣萍、苏淼、俞晓群、茅惠伟、顾春华、蒋玉秋、孙培彦等。我们按照收集的材料，把所有的设计素材整理分成十个部分出版。

这里，我们要感谢科技部和国家文物局站在历史和未来的高度提出这一文化科技创新项目的设计，感谢浙江省科技厅对我们申报这一项目的大力支持。感谢项目中三大课题组成员的相互配合，特别是感谢第一课题组各成员单位齐心合作，收集整理了数千件中国古代丝绸文物的设计素材。最后，我们也衷心感谢浙江大学出版社对中国丝绸博物馆和中国丝绸文化遗产保护的一贯支持，使得这一图系顺利出版。我们期待，这一图系能为祖国丝绸文化遗产的传承和发展起到应有的作用。

笔底美色——中国古代图像中的织物纹样

袁宣萍

2013 年 4 月，科技部科技支撑计划课题"中国丝绸文物分析与设计素材再造关键技术研究与应用"的牵头单位中国丝绸博物馆，与浙江工业大学艺术学院签订了合作协议，我们团队承担了其中的子课题——"古代图像中的纹样信息提取与设计元素分析"。根据课题任务要求，我们要对历代图像资料中的织物纹样进行采集与提取，分析其类型与形式特点，研究其在题材、色彩、构成形式等方面所蕴含的历史、艺术和文化因素，为设计素材再造与创新设计提供本土资料，为中国纺织品原创设计服务。为此，我们在两年的时间内，收集古代各种视觉图像资料，采集了其中一千多幅纹样进行骨架提取、元素分解、色彩配置与文化解读等记录与研究工作，再从中提取 260 多幅纹样绘成矢量图。这对我们来说既是一个挑战，同时也是一个机遇，使我们有缘走进并探索一个曾被忽视的纹样宝库。现借课题出版之际，对古代图像中的织物纹样在题材、风格、色彩、形式等几个方面做一个较为全面的总结。

一、图像及其意义

本文所说的古代图像，是指从唐代起直到 20 世纪初清王朝结束，在长达一千多年的时间里，画家或工匠们创作的绢本或纸本绘画，寺观、石窟壁画与彩塑，水陆画与唐卡等宗教用途的卷轴画，民间年画与某些特定主题的绘本，等等，内容庞杂。鸦片战争之后的晚清 70 年，在中国史研究上被划入近代，但这一期间诞生的视觉图像的题材、风格以及从中反映出来的日常生活和意识形态与鸦片战争前并无差别，因此也被我们纳入了古代图像的范畴。而唐代以前的图像资料因为留存极少，则不在我们考察的范围内。至于织物纹样，一般指古代图像中人物服饰上的纹样，或人物所处场景中悬挂、覆盖、铺垫、包裹的织物（如帐幔、桌围、被褥、坐垫、地毯、书衣等）上的纹样，在此加以说明。

出于专业兴趣，我们在观看古代绘画、雕塑等艺术作品时，常常会被人物身上的服饰纹样所吸引，会让目光在这些美丽的细节上多停留片刻，但真正着手去收集的时候，才发现这是一个纹样的宝库，且还没有被系统地整理和复原过。这一切深深地吸引了我们，让我们为之着迷。借着课题的机缘，让图像中的大量织物纹样经电脑软件复原后集中呈现，充实传统织物纹样的宝库，丰富设计的素材或供人们欣赏，这是我们最初的愿景。

随着纹样搜集范围的扩大与复原数量的增多，我们逐渐感到这一工作的意义不止于此。彼得·伯克（Peter Burke）的图像学专著《图像证史》中，"透过图像看物质文化"一章的相关段落可以拿来说明这个问题。彼得·伯克是英国当代文化史学家和图像学家，这本书的主要内容是如何将图像（images）当作历史证据来使用。他认为"绘画、雕像、摄影照片等等，可以让我们这些后代（人）共享未经（用）语言表达出来的过去文化的经历和知识……它们能带回给我们一些以前也许已经知道但并未认真看待的东西。简言之，图像可以让我们更加生动地'想象'过去"。特别是在重现过去的物质文化的过程中，如服装、室内画、家具、工具等，图像有着特别重要的价值。比如服装，"许多服装遗留至今，已有千年之久。但是，要把这些服装搭配起来，找出哪件应当同哪件相配，必须参考过去的图像以及主要从 18 世纪或更晚的年代保存下来的时装玩偶"。而且，借助这些丰富的图像，"历史学家可以用它们来研究某个地区的不同社会群体的服装所保持的连续性以及发生的变化"。图像的另一个特别优势，"在于它们能迅速而清楚地从细节方面交待复杂的过程"。也就是说，图像不仅告诉我们过去某种物品的样子，在细节的交代上比文字更直接清楚，而且还可以发现它的使用场合和使用方法，"换言之，图像可以帮助我们把古代的物品重新放回到它们原来的社会背景下"。[1] 这种"重新放回"对物质文化史的研究意义重大。

---

[1] ［英］彼得·伯克. 图像证史 [M]. 杨豫，译. 北京：北京大学出版社，2008：109.

当然，图像的利用并非没有风险。因为图像是古代不同时期的人们制作的，作为视觉的遗留，图像在某种程度上不是没有失真的可能。彼得·伯克在书中提出了几个问题，比如视觉的"套式"：以绘画为例，画家可能按真实存在的器物样子去画，也可能采用程式化的方法，比如表现室内家具、人物服饰时的程式化等。还有就是绘图者的动机，毕竟画家关注的是画面效果而不是真实地呈现器物，因此有些场景会变异、夸张，甚至加入幻想的成分。再就是参考、引用其他图像的问题，比如一个18世纪的画家创作的一幅表现婚礼的作品，可能比较真实地反映了那个时代的现实，但也不排除他可能参考了17世纪的同类作品。因此，对图像的引证要充分考虑到这些问题，并与同一时期的出土实物或有关文献资料进行比较，这样才能最大限度地接近于历史的真实。

在中国物质文化史研究领域，古代图像一直是学者们充分利用的材料。传为五代画家顾闳中作品的《韩熙载夜宴图》就是一个很好的案例，学者们利用图中展示的室内空间、家具、服装、乐器、陶瓷等器物进行分析，研究这场在一千多年前举办的豪华夜宴究竟说明了什么，同时这些人物与场景也成为解读那个时代物质生活的重要证据。一方面，在绘画中，我们不仅能看到器物的造型、尺寸和装饰风格，而且能看到它们的摆放场景与使用方式，有一种身临其境的感受；另一方面，由于存在图像的真实性问题，学者们将图中器物的样

图1 （五代）《韩熙载夜宴图》局部

式与出土文物或文献记载进行比对，从而得出有关绘画年代的不同结论。[1]众多的中国古代图像同时也蕴含着丰富的织物纹样，特别是人物画。幸运的是，很多古代人物画是工笔彩绘的，对人物所穿服装及所使用的织物交代得很清楚，纹样历历在目。因此，我们才有可能对画中的织物纹样进行辨识，并与同一时期或不同时期的织物纹样进行横向或纵向的比较，以期从中发现一些被人忽视的事实，为研究和复原古代物质文化提供佐证。同时我们认为，将这些纹样系统地呈现出来，对今天的人们更好地理解中国传统文化是

---

[1] 张朋川.《韩熙载夜宴图》图像志考［M］.北京：北京大学出版社，2014.

有益的。传统文化不是空洞之物，生活方式是文化的重要载体，而装饰纹样是一个民族最有代表性的文化符号。由于考古发现有一定的偶然性，而文献记载对纹样之类的装饰细节不会加以关注，因此，将古代图像中的织物纹样进行整理和复原，可以弥补出土实物或文献记载之缺失，为中国古代纺织艺术史的研究提供新的材料。

二、图像分类与纹样采集

古代图像资料浩如烟海，我们接手课题后，对这些图像做了初步分类。首先，我们主要选择人物画。一般来说，只有人物画中才会出现服装及其纹样，但也有少量描绘器物和动物的画中出现了织物。比如对一个书案的写真可能会出现用织物装裱的书籍，猫在庭院中嬉戏的画面也会在背景中出现帐幔等。其次，根据人物画的载体将其再细分为四类。第一类，是历代职业画家或文人画家创作的绘画作品，如《簪花仕女图》《韩熙载夜宴图》等。第二类，是寺观、石窟、墓室壁画与彩塑。敦煌石窟保留了从北朝至元代的大量壁画和彩塑，特别是唐代，纹样极其丰富，已成为敦煌学研究的一个组成部分。但鉴于这一领域已有不少学者做了探索，特别是常沙娜先生多年来研究和临摹敦煌服饰纹样，成果有目共睹，这次我们就舍弃了这一部分，而仅将敦煌壁画作为一个参照对象。墓室壁画因为纹样极少也被舍弃。因此，我们将遗留至今的古代寺观壁画与彩塑作为主要考察对象，兼顾敦煌之外的部分石窟壁画。第三类，是古代保存下来的水陆画和唐卡。水陆画是汉地举办水陆法会时悬挂的卷轴画，绘有大量佛道人物；唐卡是藏地宗教卷轴画，历史悠久，风格多样。这两种可移动的宗教艺术品均有大量织物纹样可供采集，特别是唐卡上的织物纹样具有鲜明的西藏风格，与拉萨大昭寺等寺院壁画中的纹样风格接近，可进行比较。事实上这样的比较在课题进行中经常发生，时有所悟，也是一件有意思的事。第四类，是民间年画与某些特定主题的绘本。年画受现存条件的限制，主要考察清代年画，少量在时间上延伸到 20 世纪初的民国时期。特定主题的绘本主要有两种，一种是戏曲人物扮相图谱，如故宫与国家图书馆所藏《升平署图档》，还有一种是明清时期压箱底的春宫画。在上述四类以人物为主题的图像资料中，我们一共采集了约两千幅纹样；最终做成卡片，记录其出处、时代、收藏地点，并对纹样形式做较为详细分析的，则有一千多幅。在这些卡片中，我们再选择较为清晰而典型的纹样，对其中的 260 多幅用绘图软件做了复原。有些选出的纹样尽管出处不同，但风格较为接近，因此我们最后又做了一次筛选，以典型、清晰和优美为原则，从中挑出 181 幅纹样收录在本书中。

（一）历代绘画

人物画在中国传统绘画的三大画科之中扮演着重要角色，是最早出现的画种。据文献记载，战国、秦、汉时期有很多以人物为主的帛画，战国楚墓与长沙马王堆汉墓均出土过，是葬礼用品，其中人物服饰真实地反映了那个时代的着装风格，惜其中并无纹样。这种人物画中的服饰素色无文的现象持续到南北朝时期，直至唐代，人物画上的织物纹样才大放异彩，这可能与唐代崇尚华美的时代风气有关。因此我们采录并复原的织物纹样，年代最早的只能是唐代。

唐、五代人物画主要有两类，一类是宫廷绘画，如传为阎立本作的《步辇图》《历代帝王图》，张萱的《虢国夫人游春图》《捣练图》，周昉的《簪花仕女图》《挥扇仕女图》，佚名的《宫乐图》以及顾闳中的《韩熙载夜宴图》等等。这些绘画以表现宫廷生活为主，或描写宫廷妇女奢华而慵懒的闲散生活，或描写宫女们的手工劳作，或是历史场景的纪实描写。画中人物所穿华服上均有纹样，明丽动人，艳而不俗，是唐、五代时期贵族风尚的真实写照。第二类是出土的绢画，以新疆吐鲁番阿斯塔那唐墓出土为多，特别是1972 年出土于新疆阿斯塔那 187 号墓和张礼臣墓的屏风画残片，将一个个美丽动人的唐

图 2 （唐）《簪花仕女图》局部　　图 3 张礼臣墓出土的唐《乐舞图》

代女子呈现在我们面前，她们身上鲜艳的锦衣花裙构成了其魅力的一部分，让今天的人们亦为之动容。

宋代人物画中，描绘服饰纹样较精细的主要有三类：道释人物画、肖像画以及风俗人物画。第一类道释人物画有佛、罗汉、菩萨以及神仙等，其中尤以罗汉图和十王图等题材最为流行，如贯休、刘松年的《十六罗汉图》，惜相关作品遗留下来的极少。除文人画家的创作外，还有一部分是浙江、福建等地的民间画坊所作，作为外销画流入日本各地的寺院中，有些则辗转流入美国。罗汉画在美术史上被分为较粗放的野逸相和较精细的世态相两种，后者一般设色富丽，描画精细，罗汉形象接近人间僧侣。除人物服饰外，罗汉画尤为注意周围环境的陪衬，将僧袍、袈裟、椅披、坐垫等织物的色彩、纹样画得很清晰，细节到位，具有极强的真实感。如收藏于东京国立博物院的《十六罗汉图》和美国波士顿艺术博物馆的《五百罗汉图》，罗汉们大多衣饰随意，配色淡雅，纹样以线条构成的几何纹为主，有一种超凡脱俗的美感。十王图描绘的则是冥府十王审狱的场景，宣扬轮回报应，此类画作在宋元时期流行，大多设色浓艳，对比强烈，纹样以大朵的团花为主。第二类是人物肖像画，特别是宫廷帝后和高僧大德的画像，均有精细的纹样表现。前者如《宋仁宗皇后像》，身穿十二翟鸟大礼服的皇后端坐椅上，旁有二侍女站立，三人的礼服及椅披上均有丰富的织物纹样；后者如日本泉涌寺藏《南山大师像》，人物亦端坐椅上，画家将两重椅披上的团花和几何花卉纹样表现得十分细腻，让我们透过这些看到了宋代织物清秀朴雅的风格。第三类是风俗人物画，宋代风俗人物画兴起，以细腻

图4 （宋）《宋仁宗皇后像》

的笔法描绘人间大众的生活，如《货郎图》《浴婴图》《妆靓仕女图》《大傩图》等。以《大傩图》为例，画面表现人们举行大傩仪式、驱除厉疫时的场面，12位舞者穿戴各异，身持各种器械踏着鼓点起舞，人物造型古朴，难得的是衣纹细致，纹样丰富多彩，惜不够清晰。还有一些人物画类型如历史画等也有少量纹样，而《文会图》等描绘文人雅集的作品因强调质朴清雅的着装风格反而几无织物纹样。

元代人物画中，十六罗汉图（或加二

尊合为十八罗汉图）和十王图等依然是流行的道释
人物画类型，工笔重彩，服饰与道具多见精美的织
物纹样，如藏于日本一莲寺的《十八罗汉图》。宫
廷人物画中，帝后御容的描画尤为精美，一般以半
身肖像画为多，均为蒙古贵族装扮，女性戴姑姑
冠，穿交领大袍，宽阔的领子镶边画出纳石失（一
种元代织金锦）精美的纹样，极具时代特色。此
外，一些工笔表现的历史画、文会图、仕女画中也
可以见到服饰纹样，但数量不多。

　　明代是肖像画发展的一个高峰，为帝王、后
妃、达官贵人、高僧、士人等"传神写照"的肖像
画大量传世，且表现细致入微，风格写实，包括人
物服饰、坐具以及椅披等也力求写真，为今天留下
大量图像资料。明代仕女画也很精彩，如唐寅的
《王蜀宫妓图》和《吹箫图》、仇英的《人物故事图》
以及另一幅佚名的《千秋绝艳图》长卷，都刻画了

图 5 （清）《十二美人图》之"博古幽思"

精美的服饰纹样，惜很多仕女图本身设色淡雅，线条纤细，很多纹样已因年代久远而浅
淡不清，也是遗憾。

　　清代宫廷绘画发达，有很多描写宫廷生活情趣的绘画传世，加上各个时期的帝后肖
像画，为我们提供了大量的服饰资料。如清雍正时期宫廷画家创作的《雍正妃行乐图》
（亦称《十二美人图》），以单幅单人的形式描绘了 12 位身着汉服的宫苑女子形象，对其
服饰及身边器物的刻画均极为精美。此外，清代工笔人物画中也多能见到精细的服饰纹
样。由于清代宫廷与民间均有大量服装实物传世，因此探索清代图像中的织物纹样之重
要性不如前代。尽管如此，我们还是选择了一部分清代绘画作为考察的对象，从中发现
了一些有趣的时代现象，比如西洋风格在宫廷织物上的时隐时现。

（二）寺观壁画

　　壁画是我国古代图像中人物形象最为集中的一个领域。佛教自汉代传入中国，壁画
艺术也随之获得迅速发展，寺观、石窟相继沿丝绸之路向内地延伸，本土道教也随之建

立了自身的图像体系，因此寺观、石窟壁画从南北朝起就不断发展，到唐代呈现出空前的繁荣，涌现了很多杰出的壁画作品，塑造了大量富丽多彩的人物形象。其中一些典型作品，更是以范本（粉本）的形式代代流传，千百年来发挥着重要影响。这些壁画中的人物形象生动、衣纹流畅，色彩富丽，有大量织物纹样蕴含其中，是我们关注的重要对象。上文已经说过，根据纹样的多寡与精美程度，我们舍弃了墓室壁画；由于前辈学者已有建树，我们也舍弃了敦煌壁画；重点关注的是保留至今的古代寺观壁画，对其中的织物纹样进行系统整理。

畅想唐代全盛之时，中原有多少富丽堂皇的寺观和精美绝伦的壁画！仅吴道子就在长安、洛阳两地寺观中绘制壁画 300 余堵，被誉为"画圣"。可惜几次灭佛运动和每一次的改朝换代，都使大量寺观成为废墟，民间壁画高手星散，宗教壁画传统也因之流布到全国各地。唐以后的五代、两宋、辽、金、元、明各代，基本上继承了前代优秀的壁画传统，并加上不同时代不同地区的社会文化基础和艺术家们的创造，形成了各具特色的丰富的寺观艺术。在山西、四川、北京、河北等地，还保存了一批唐、宋、元、明时期精彩的寺观壁画，有些艺术水平极高，如山西芮城永乐宫三清殿元代壁画和北京法海寺大雄宝殿明代壁画等，其中的衣纹花样清晰可见，令人赞叹！此外在西藏地区，吐蕃王朝亦建立了众多寺庙，绘有大量精美壁画，有些遗存至今。西藏壁画具有独特的藏地艺术风貌，除了人物造型外，装饰纹样也自成体系，与中原地区形成了既有联系又有差异的对比。

为了实地考察寺观壁画，我们在 2014 年夏天踏上了寻访寺观壁画中的织物纹样之旅。从北京到山西，走过大同、浑源、应县、太原、平遥、汾阳、稷山、临汾、洪洞、芮城，一直走到河南洛阳。一路上我们拜访各地寺观，每每在精美的壁画前流连不去，又参观博物馆，瞻仰已移入博物馆的古代壁画。西藏地区没有时间涉足，就拜托进藏的朋友为我们收集资料。这样陆续积累了大量第一手资料，再结合有关出版物上的图像，对寺观壁画中的织物纹样有了整体了解。我们一共采集了 300 多幅纹样并做了详细记录，发现蕴含织物纹样最丰富的寺观，主要有山西芮城永乐宫（元代）、北京西郊的法海寺（明代）、山西汾阳的圣母庙（明代）、山西浑源的永安寺（清初），西藏壁画则主要考察了拉萨的大昭寺。本书最终挑选出来的 40 余幅织物纹样，主要来自这五个寺观。

（1）永乐宫。永乐宫壁画是我国最负盛名的道教艺术杰作。永乐宫原位于山西省南部的芮城县永乐镇，20 世纪 50 年代后期，因兴建三门峡水库而迁建到北郊。这是一组元代道教宫观建筑群，现存元代建筑有龙虎殿、三清殿、纯阳殿、重阳殿等四座，其内均有精美壁画，总面积达一千多平方米。其中三清殿内的《朝元图》描绘了道教诸神朝拜原始天尊的壮观景象，于1325年完工，共计神祇286尊。场面恢宏，气势非凡，绘技精湛，功力深厚，堪称元代壁画登峰造极之作。《朝元图》所绘诸神服饰庄重舒展，服饰纹样以几何纹为主，常见的卷草纹、龙纹、团花纹也有出现，其中滴水窠纹样具有鲜明的时代风貌，此外带有写意风格的山水纹也颇具特色。永乐宫壁画中的织物纹样典雅浑厚，色彩偏爱冷色调的石青、石绿，少量运用朱砂、石黄、赭石等。

图6 （元）永乐宫《朝元图》壁画局部

（2）法海寺。法海寺位于北京市石景山区翠微山南麓，始建于明代正统四年（1439），规模宏大，明清时多次重修。寺内有大雄宝殿、伽蓝及祖师二堂、四天王殿、护法金刚殿、药师殿、藏经楼等建筑。其中大雄宝殿内的六面墙上，至今完整保留有10幅明代壁画，分布在大雄宝殿北门西侧、殿中佛龛背后和殿中十八罗汉身后的墙上。佛龛背后绘观音、文殊、普贤菩萨及善财童子、韦陀、供养佛等，共77个人物，姿态各异，栩栩如生。虽是500多年前的作品，但这些壁画至今仍保持着鲜艳的色彩，堪称佛教艺术的瑰宝。法海寺壁画中的人物服饰色彩鲜艳，图案清晰，绘制严谨、工整，突出皇家气派，绘画技法上以单线平涂为主，部分花朵采用丝染手法。纹样种类以花卉纹、云纹居多，龙凤纹样也以不同形式多次出现，色彩以朱砂、石青、石绿为主。此外在人物铠甲、璎珞、钏镯、裙带处大量使用描金、沥粉贴金，使得画面更加富丽堂皇。

图7 （明）法海寺壁画局部

（3）圣母庙。圣母庙俗称"娘娘庙"，供奉的可能是西王母，坐落于山西省汾阳市西北四公里处的田村，创建年代不详，明代嘉靖二十八年（1549）重修，现仅存圣母殿与殿前厢房两部分。明代壁画就保存在圣母殿内的墙壁上，保存情况良好，原殿内塑像已不存，村民们请人重塑了圣母主像一尊并两侧侍女各一，凤冠霞帔，装饰华丽。殿内东西两壁及北壁描绘了圣母娘娘出巡、回归以及后宫生活之场景。壁画中的人物个个姿容秀丽，线条笔笔见功，一丝不苟，堪称明代壁画中的上品。画面着色为重彩平涂，各类形象以朱色为主，鲜艳夺目。人物的冠戴、服饰、龙辇、盘盏、屋脊等处均沥粉贴金，画面精丽光彩。其中乐伎、宫女绘制尤为温婉俏丽，所着服饰之上多绘有龟背、几何、团花等纹饰。纹样风格清新，结构简洁，色彩淡雅。整体而言，服饰纹样的宗教色彩较弱，世俗化倾向增强。

图 8　山西汾阳田村圣母庙

（4）永安寺。永安寺位于山西省浑源县城东北隅，始创于金，传说在元延祐二年（1315）由永安节度使高定重建，明清两代又多次修葺。目前留存的元代建筑为传法正宗殿，殿内四壁满绘壁画。其中北壁明间板门两侧绘有高大的十大明王像，气势雄壮，应为明代作品。东西两壁和南壁两梢间全部为水陆法会图，即儒、释、道三教仙佛鬼神和往古亡魂集体朝拜释迦牟尼的图像，共计有 864 身，可能是明代粉本清初绘制。各类人物依其身份司职组合在一起，每壁有上中下三列，蔚为壮观。人物造型面部多俊秀端庄，排列略显拘谨。服饰、冠戴为明代样式，更难得的是，服饰上都绘满纹样，而且种类较全，有几何纹、花卉纹、文字纹、龙纹及其组合纹样。此外在绘制技法上喜用沥粉贴金法绘制火焰纹、团龙纹、四合如意云纹等，

图 9　山西浑源永安寺传法正宗殿

代表了清初山西民间画师的绘画特点。为保护壁画，我们无法近距离拍摄。所幸文保单位已将原作复制为等大的壁画长卷展示在悬空寺下，色彩、纹样以及各类细节比直接看原作更为清晰，大量的服饰纹样由此记录下来。

（5）大昭寺。藏语全称"拉丹祖拉康"，意为圣地的经堂、佛殿。又因寺内主殿佛堂内供奉的主尊佛像为释迦牟尼12岁等身像，故又被称为"觉康"，即释迦牟尼的殿堂。大昭寺始建于公元647年，是吐蕃赞普松赞干布迎娶尼泊尔尺尊公主和唐朝文成公主之后的主要建筑之一，有种种神奇的

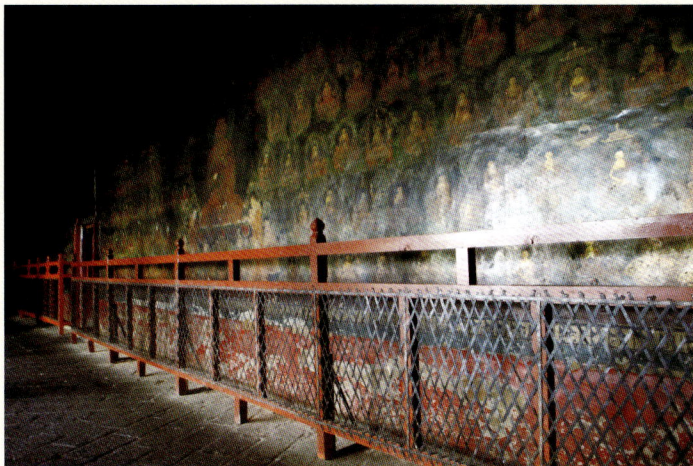

图 10　西藏拉萨大昭寺壁画

传说。随着佛教在藏地的日益昌盛，加上历代增修扩建，大昭寺的规模越来越大，而大昭寺所在的拉萨，不但成为吐蕃的政治中心，同时也是宗教活动的中心，是圣地的象征。大昭寺坐东朝西，占地面积约1.3万平方米，建筑面积约2.51万平方米，寺高四层，四周走廊和殿堂四壁满布壁画，绘有释迦牟尼本生传记、历史人物传记、纪念性人物、重要历史事件、雪域风土和民情传说等，内容广泛，堪称一部画在墙上的百科全书。壁画中佛、菩萨、尊者、法王、大师、藏王及各类人物身上的服饰均绘有华丽的纹样。这些纹样具有鲜明的藏地文化特色，在色彩配置上，多以大红、宝蓝、绿色等鲜艳的色彩为底，用描金或沥粉贴金的手法表现纹样，显得富丽堂皇。纹样本身结构较简洁，常见的有云纹、方格卍字、莲花、团花、花卉等主题，同时受汉文化影响，也出现牡丹、龙、凤、寿字等题材。纹样多作满地排列，团窠或如意窠外常用密集的勾连云纹或类似珍珠地的圆点满铺，装饰感很强。以大昭寺为代表的西藏壁画与唐卡中的织物纹样在精神气质上是一脉相承的。

（三）水陆画与唐卡

这里说的水陆画指卷轴画，与唐卡均属于可移动的宗教美术作品。前者属汉地，后者属藏地，只是水陆画保留下来的不多，而唐卡至今仍在绘制和使用。我们将这

两者纳入纹样采集的范畴，是因为它们均以人物画为主，包括宗教和世俗人物，且以工笔重彩绘制，人物服饰及织物上的纹样均清晰可见，与同属宗教美术的寺观壁画可进行比较。

1. 水陆画

水陆画因使用于"水陆法会"而得名，是水陆法会上供奉的宗教人物画。所谓水陆法会，创自金代，至元、明、清时期盛行，是佛教寺院为超度亡灵、普济水陆一切鬼神而举行的一种重要佛事。与纯粹的佛教绘画不同，水陆画中的人物汇聚天上、人间、地狱三界，集释、道、儒与民间信仰的众神甚至往古人物于一堂。水陆画在法会时期悬挂，按所绘神灵的身份、品级不同分别挂于上堂或下堂，法会结束时取下收藏，平时不能轻易悬挂，也不能单独悬挂，是水陆法会上使用的专用品。水陆法会形成和发展于"三教合一"的中国文化背景下，画中佛、玉帝、孔圣三教长老共享一炉香火，共同担负着普度众生的神圣使命。也正因为如此，水陆画中的人物类型极为丰富，按其身份穿着服饰，织物纹样也有集大成的特点。

我国汉地水陆法会曾经十分盛行，清代以后逐渐衰落。近代战火不断，加上传统信仰体系的破坏，水陆法会越来越少见，水陆画也逐渐散失。除一部分还保存在各地寺院外，主要收藏机构为博物馆，也有民间收藏的，较为分散。我们重点对收藏在博物馆并已出版的水陆画上的织物纹样做了采集与记录，主要有以下一些：

图 11　宝宁寺水陆画：
太阳木星火星金星水星土星真君

（1）山西省博物馆藏宝宁寺水陆画。宝宁寺俗称"大寺庙"，位于山西省右玉县旧城城关镇，是明王朝北部边境重地。寺院始建于明成化年间（1465—1487），清康熙年间重修，寺内原有明代水陆画完整的一堂共 136 轴，是珍贵的古代佛教文化遗产，相传明天顺年间（1457—1464），由朝廷敕赐给宝宁寺以作镇边之用。画中汇集佛、道、儒三教中佛、神、人、鬼等众共 900 余身，人物服饰多保留宋元风格。每一幅挂轴上，都绘有一组人物，如属于佛教的天藏菩萨、属于道教的北斗七元左辅右弼众、属于水府的五湖百川诸龙神众、属于阴间的往古人物等，每组人物都穿着与身份相符的服饰，画师将纹样一丝不苟地描画在服饰上。这些画是我们了解明代服饰艺术的重要途径。

（2）首都博物馆藏水陆画。华北地区的水陆画遗存较多，以北京首都博物馆的收藏最为丰富，质量也较好。主要来源为北京及周边地区的寺院，总数在八九百件，其中大部分是明后期至清前期的作品。这批水陆画来源不同，画风也有区别。如一批万历慈圣皇太后敕造的水陆画画工十分精细，色彩明亮浓艳；而王忠绘供的作品则兼工带写，画风相对简淡。还有一部分水陆画风格典雅秀丽，人体比例协调，线条匀称流畅，设色雅致，与北京法海寺明代壁画艺术可作比较。首都博物馆藏水陆画中的织物纹样大多细腻精致，以花卉纹样为主，亦有云纹、团花、几何纹样等，在一定程度上反映了明清时期北京及周边地区的装饰风格。

图 12　首都博物馆藏水陆画：
天妃圣母碧霞元君众

（3）桐乡市博物馆藏水陆画。浙江桐乡市博物馆藏有水陆画 157 件，为原崇德县崇福寺旧藏。崇福寺为江南名寺，遗留下来的水陆画颇多，且时间跨度大，从最早的明嘉靖十年（1531）到民国三十五年（1946），前后达四百余年。1949 年以后崇福寺水陆法会停办，这批水陆画就由桐乡市博物馆收藏并保存至今，并出版了《桐乡市馆藏水陆道场画集》。这些画均为中堂，纸本，是较为完整的组画，总数达 157 件，以明清时期为主，可惜不是完整的一堂。画面表现的内容，既有佛教系统的神佛，包括诸佛、菩萨、诸天、明王、罗汉、护法神等，也有混合佛、道及民间信仰的鬼神，包括阎王、饿鬼、畜生、往古人物等。其中尤以神佛、菩萨类画像的画技最为精湛。作品均出自民间画师之手，工笔重彩，设色鲜艳，线条流畅，纹样精美，反映了江南地区水陆画的特色，可供采集的纹样也不少。

（4）民间收藏的水陆画。湖南、湖北、江西等省的地方寺庙或民间，零星而分散地遗留下一部分水陆画，学者们在长江流域宗教文化的专题田野考察中发现了这些水陆画，并做了记录、整理和遴选，收录在《长江中游地区水陆画》一书中。这些画大部分是清

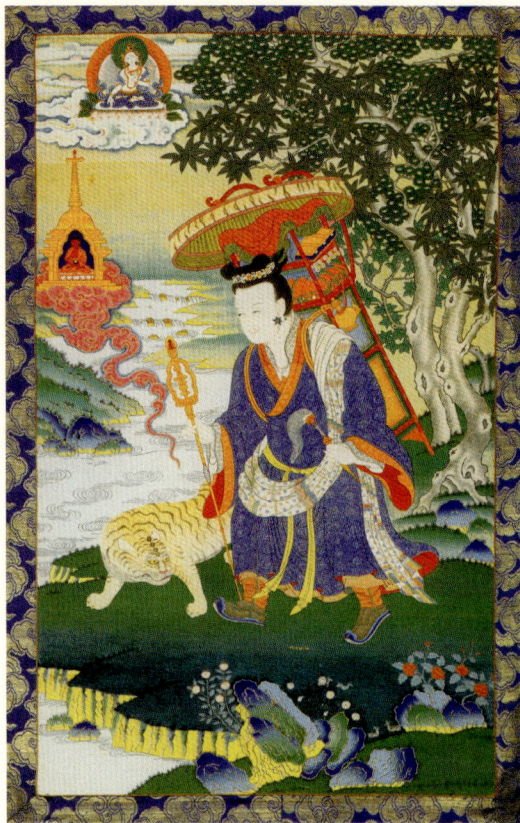

图13 （清）《达摩多罗尊者》唐卡

代的，少量为明代，风格有精细也有粗犷，均为民间画工所为。人物服饰上的纹样大多较为随意，仅有部分较为工整，成为我们采录的对象。

2. 唐卡

唐卡是藏语的译音，意为各种质地的卷轴画，它色泽亮丽，画面流光溢彩，是西藏绘画艺术的重要组成部分。唐卡历史悠久，据研究现在保存最早的唐卡是11世纪西藏佛教后弘期初期的画作，但15世纪前的存世作品很少，保留下来的大多是17—18世纪的作品。西藏地域辽阔，各地的艺术风格差异很大，不同的教派和师承，使唐卡的风格异彩纷呈，唐卡上的人物造型和装饰纹样也各具特色。北京故宫博物院珍藏有上千幅唐卡，有贡品唐卡（历代藏地宗教领袖赠送）

和宫廷唐卡（由宫廷画师绘制）两部分，时间大部分在18世纪即乾隆时期，但这两部分唐卡在艺术形式上并无明显的区别。唐卡上的织物纹样很多，但不是我们本次采集的重点（希望将来有机会做专题研究），且故宫藏唐卡已有精美的出版物，所以我们仅以故宫博物院（北京）藏皇家珍品唐卡为主进行纹样采集，同时也纳入了其他来源的一部分唐卡作品。

唐卡有绘画和织绣之分，绘画唐卡占主流，一般以棉布或丝绸为底，上施白色粉底，然后在粉底上起稿敷彩描金而成，多采用矿物颜料，色彩明丽，经久不褪。织绣唐卡由我国传统工艺刺绣、缂丝、织锦制成，是唐卡中的贵重作品。唐卡内容丰富，作为藏地艺术的主要形式，描绘了藏传佛教的各类图像，如祖师、密教本尊、佛、菩萨、佛母、护法、罗汉、尊者以及坛城等。人物根据不同身份穿着不同服饰，均华丽鲜艳，法相庄严。唐卡上的织物纹样一般以大红、宝蓝、绿色为地，以金色描绘纹样，有云纹、莲花、卍字、花卉、团花等题材，既具有藏地艺术的鲜明特色，亦可见汉地艺术的文化影响，与大昭寺壁画上的织物纹样可资对比。

（四）年画与绘本

1. 年画

在我国悠久的历史和广大的地域中，民间年画是另一个强大的绘画传统。年画，始于古代的"门神画"。成书于南朝梁代的《荆楚岁时记》记载：正月一日，"造桃板着户，谓之仙木，绘二神贴户左右，左神荼，右郁垒，俗谓之门神"。至唐代，门神的位置被两员戎装大将——秦叔宝和尉迟敬德所取代。在新年时将门神画贴于门户，有驱害辟邪之意。宋代时年画逐渐流行，并有最早的图像——《隋朝窈窕呈倾国之芳容图》流传至今。明清时期，由于统治者的鼓励，年画在民间大盛，新年时张贴在门上或室内，既装饰环境，又含有辟邪纳福、吉祥喜庆之意，故得名。传统年画多用木版水印制作，必要时再加手绘。根据产地不同，形成了苏州桃花坞年画、天津杨柳青年画、河南朱仙镇年画、山东潍坊年画、四川绵竹年画等著名的地域性产品。这些年画风格差异较大，其中最精美工细的当为苏州桃花坞年画，特别是18世纪即清代中期的年画，融入了当时流行的西洋风格，山水庭园有远近表现，人物形象秀美，服饰华丽，且大多均绘有精美的纹样。19世纪中期的太平天国运动对苏州造成较大破坏，桃花坞年画因此衰落。与此同时，上海开埠，逐渐发展成东方一大都会，桃花坞画店迁至上海，促进了近代上海小校场年画的繁荣。除此两者之外，天津杨柳青年画、四川绵竹年画的风格也较精细，均有较多的织物纹样。而河南朱仙镇年画、山东潍坊年画等，因画风粗犷质朴，纹样极少，就不在我们的考察之列了。

这次纹样采集，重点是苏州桃花坞年画、上海小校场年画、天津杨柳青年画和四川绵竹年画。其中桃花坞年画以18世纪为主，其余多为19世纪至20世纪初的作品，有些时间上已到民国时期。但正如上

图14　清康熙年间桃花坞年画

文所述，这些年画的人物形象与绘制风格与传统一脉相承，并无区别。年画的题材，一般都以喜庆吉祥为主题。以苏州桃花坞和上海小校场年画为例，基本上全用套色制作，刻工、色彩和造型具有精细秀雅的艺术风格，题材有吉祥喜庆、民俗生活、戏文故事、花鸟蔬果、江南风景等。吉庆的如"连中三元""一团和合""竹报平安""花开富贵"等，民俗的如"婴戏图""闺门刺绣图"等，戏曲故事如"琵琶有情"等。总体而言，18世纪桃花坞年画线条细腻工整，人物清雅优美，纹样刻画精致，更具文人气息，是名副其实的"姑苏版"，而上海小校场年画则更为世俗，色彩艳丽，纹样安排的随意性增加。杨柳青和绵竹年画也各具特色，题材均吉祥喜庆，配色大多鲜艳明丽，也有墨版套色敷彩的，色彩比较沉稳。年画中的人物以福、禄、寿三星等神话人物和妇女儿童为主，服饰纹样以梅、兰、竹、菊四君子和莲花、海棠、牡丹等象征富贵的花卉为主，常见团花、折枝、缠枝等形式，此外还有几何纹样和卍字、寿字等吉祥文字，与清中期以来装饰艺术的发展趋向合拍，亦与同时期的实物纹样风格一致。

2. 传统绘本

传统绘本指那些特定内容的绘本。我国书籍有插配大量图像的传统，明清时期，更有很多以图像为主的绘本流行，其中的彩色绘本也成为我们纹样采集的对象。首先是戏曲人物图谱——《升平署图档》。该图谱共97幅，原是皇宫中所藏，后有部分流出宫外。国家图书馆藏有清末《升平署图档》的复制品。图谱并无年代及作者记载，人物按剧目排列，如《玉玲珑》《太平桥》《泗州城》《反西凉》《蔡天化》《千秋岭》《空城计》《骆马湖》等，还有若干幅未标明剧目。朱家溍先生认为，图中所绘应为"乱弹"戏（也就是后来的京剧）人物扮相。因嘉庆、道光之前，宫中还主要是演昆腔、弋阳腔，咸丰以后乱弹才逐渐增多，所以图谱不会早于咸丰。较之清末一些京剧名伶，图谱中的扮相又显得稍古，因此推测图谱不会晚于同治。这些图谱应为清宫画师根据升平署演职人员的实际扮相绘制，

图 15 （清）《升平署图档》之"女妖"

麒麟象征前途无量，等等，在清代年画中最常见。在这里，动物仅仅作为一种元素，与花卉、文字等一起构成吉祥主题。除此以外，帝王或官员的肖像画中，龙、凤、仙鹤、狮子等也常作为胸背或补子纹样出现，是身份的标志，与纯粹的装饰纹样有所区别。

3. 几何纹样

几何纹样是历史最悠久的一种染织纹样。织物诞生之初，因受织机局限，几何纹样独领风骚。随着染织技术的发展，动物纹样出现，但几何纹样依然占据主流地位。唐代以来，由于东西方文化交流和染织技术的进步，纹样题材趋向多元，几何纹样变得形式多样，与花卉结合的纹样——特别是菱格内填花和龟背内填花最为多见。宋代是几何纹样大发展时期，诞生于北宋末的建筑专著《营造法式》，在"彩画作"中可以看到很多作为建筑彩绘的几何纹样，还有方格、锁子、叠胜、罗纹、龟背以及簇六、簇四等称呼。这些纹样与我们在古代图像中所见的织物纹样很相似，且形式变化更为丰富，使我们有时为纹样定名时颇费思量。除此之外，图像中出现较多的织物纹样还有回纹、卍字、联珠、水波、类似涟漪的同心圆、梭子、套环、圆点、鱼子、扇形等等。这些几何纹样有时作为底纹，其上装饰团花或折枝花卉纹样；有时与花卉组合，形成各种形式的几何嵌花。有些纹样复杂严谨，让人想起八达晕、簇六雪花等宋锦纹样；有些又灵活组合，显示出线条与结构的理性之美。

除几何纹样外，各种吉祥文字组成的圆形、方形、八边形等适合纹样也时常可见。其中较多的是寿、福、吉、喜等组成的文字纹样，并往往与蝙蝠、花卉等组合，构成吉祥如意的寓意，以明清时期为多。

4. 自然与器物纹样

中国传统自然纹样中，没有比云纹更加受喜爱的了。早在战国、秦、汉时期，云纹就已是常见的织物纹样，可与祥禽瑞兽构成云气动物，亦可单独运用，将流动的气势布满织物表面，如马王堆汉墓出土的乘云绣等。古代中国对云纹的偏爱可能与神仙信仰有关，祥云是神仙们出场的背景，是天宫的象征。古代大量道释人物画，包括卷轴画、壁画中，云纹是普遍的装饰，不仅缭绕在天空，也点缀在各类服饰上。云纹的造型各不相同，最常见的是所谓"如意云纹"，卷曲的云头构成四合如意的形状，并在上下左右点缀云尾，这一造型后来固定下来，成为程式化的云纹。其他自然纹样还有山水、日月、火焰、星辰、雷纹、流水等。山水纹样多出现在宋、元时期的罗汉画或壁画中佛教人物所披袈裟或僧袍上，即所谓"山水衲"；而日月、火焰、星辰等与十二章纹样有关，出现在帝王或官员打扮的道教神祇的服饰中，而人间帝王的肖像画则会一丝不苟地画上十二章纹。雷纹、水纹、冰裂纹等，可单独使用，亦可与其他纹样组合，如屈曲的水波与花卉组合构成"流水落花"纹，冰裂纹上点缀梅花的象征梅花傲雪等，均为受文人审美影响的情景化装饰纹样。

器物纹样一般是指杂宝，在佛教题材的人物画中时有呈现，如法轮、宝伞、盘绦、法螺、宝瓶、铜钱、铃铛等，虽然数量不多，仍时有所见。

（二）纹样的色彩

中国古代图像中织物纹样的色彩，与实物的真实色彩有一定差别，前者以矿物颜料为主，植物颜料为辅，甚至加入动物颜料；后者则以植物颜料为主，矿物颜料为辅，有时需要媒染剂的介入。此外，图像载体不同，在使用的颜料上也略有不同。其中卷轴画（包括水陆画）的颜料主要有朱砂、石青、石绿、石黄、蛤白、墨等，并配合使用植物颜料如藤黄、胭脂、槐蓝等。宋代《营造法式》第十四卷"彩画作"，对建筑上的彩绘用颜料及用法有详细记载，壁画上的颜料应与之相仿。根据专家们对山西寺观壁画的研究，其所用颜料有十几种之多，即白垩、赭石、石青、石绿、朱砂、银珠、铅丹、靛青、栀黄、雄黄、地黄、红花、铅粉和红土等。"使用时，首先将颜料磨制精细，再拌以适当的水胶。画面上的晕染……需要把制好的颜料及时澄淋，并拌以少量白粉，由此可以分为深浅不等的几种色调，达到退晕和叠染的目的。"[1]唐卡上的颜料大多也是矿物颜料，但有些是内地不常用的，如珊瑚、珍珠、玛瑙、宝石等珍贵矿物质；有些则是藏地特有的，如鹿角粉、藏红花等。且唐卡大量使用纯金、纯银，特别是用金技术，可以说是唐卡或藏地壁画中运色的绝技。金经过磨制加工后，不仅可以描出丰富的线条和纹样，本身还可以变化出十多种色相，效果十分华丽。民间年画则先印墨线，而后套色彩印，一版一色，或加手绘，所用颜料与纸本绘画基本相同。

尽管古代绘画用的颜料十分丰富，但比起变幻无穷的现代色彩来说，受原料制约，色彩的种类与色相的丰富程度还是有限的。因此从图像中看，众多的纹样主要有几种主色，即红、黄、蓝、绿、白、黑等，这几种主色相配则得到十多种常用的副色，主要有赭石、紫色、墨绿、土黄、橘黄、粉红、宝蓝等，此外再加上金色的运用，就能够保证

---

[1] 柴泽俊.山西寺观壁画 [M].北京：文物出版社，1997：10.

色彩的鲜艳明丽了。除原料外，色彩的应用还受到文化与审美习惯的影响。我国古代有正色与间色之说，正色为高贵色，即红、黄、青、白、黑五色，并与五行学说相对应，所谓五行五色。间色为正色调配而成，等级略低。学术界已有不少文章论述古代丝绸的色彩审美，探索色彩偏好的民族性问题，在此不做展开。从图像中审视织物纹样的色彩，的确以红、黄、蓝（绿）、白、黑等正色为主，与实物的差距不大。但是丝绸实物的色相更为丰富，浓淡深浅变化较多；而绘画色彩则较为单纯，过渡色用得不多，配色较为鲜艳。当然也有相反的例子。一般来说，文人画家的作品色彩较为柔和淡雅；而民间画工创作的壁画和年画则色彩相对鲜艳明亮，对比强烈；至于唐卡中的织物纹样，更喜欢在红、蓝、绿等底色上用金色描绘纹样，具有金彩夺目的视觉效果。

（三）纹样的构成

古代图像中织物纹样的组织形式，与实物纹样基本一致，可以分为连续纹样、单独纹样和适合纹样等三类。连续纹样又可分为二方连续和四方连续。二方连续主要用于各种边缘装饰，如服装的领边与袖边、铺垫织物的四个边缘等；四方连续则用来大面积平铺，有几何、散点、缠枝等不同排列方式。单独纹样一般用于胸背等特定部位，如古代帝王或官员胸前的龙纹和补子纹样。适合纹样则较多用于各种铺垫织物，如手巾、桌围以及佛教徒常用的尼师坛等。

图像中织物纹样的构图有多种形式，以四方连续为例进行分析。所谓"四方连续"，是指一个循环单位的纹样，向上、下、左、右四个方向无穷尽地反复伸延，给人以调和、匀称、有节奏的美感。这其中又有几种构成形式。

第一种以几何形为骨架，或骨架本身构成纹样（即单纯的几何纹样），或在骨架内填几何纹、花卉纹等。作为骨架的几何纹，主要有棋格、回纹、席纹、卍字、菱格、龟背、八角形、锁纹、圆弧相交的毬纹、对波等，从我们采集的纹样看，以菱格、龟背、八角形、毬纹等骨架最多。卍字、圆点、同心圆等常作为内填的几何纹，而本身构成简单重复的几何纹样的则有回纹、席纹、锁纹、菱格、扇形等。内填的花卉多为装饰性花卉，以正面表现的瑞花为主，程式化意味较强。

第二种是散点连续排列。所谓散点，是指一个循环单位内，安置一个、两个或数个纹样，四方连续，在空间上平铺，总体效果四方八面匀称。从纹样效果看，有满地和清地两种。满地即散点纵横密集排列，清地即散点净地匀称排列。这种构成形式是丝绸提花中最常见的，也在古代图像的织物纹样中反映出来。其中最多见的是团花，一个或两个纹样单元作平顺或错开排列，以清地为主；其次是折技花卉，或者花卉与仙鹤、蝴蝶等动物纹样的组合，可作清地亦可作满地。与有几何骨架的构成方式相比，散点排列更为自由灵活，出现亦相对较晚，一般来说，到唐代才逐渐见于实物和图像，这与唐代织物提花技术的变化有关，在此不多展开。

第三种是缠枝连续排列。缠枝连续排列一般以花卉为主题，因此多称"缠枝花卉"。其组织方式，是以花卉的枝条为骨干线，相互串联形成骨架，花的部分处于骨架之中或骨架线上，使花枝紧密围绕花形来回穿插，形成满地是花的效果。古代图像中缠枝花卉纹样很多，在佛教题材的水陆画、寺观壁画中，出现最多的则是缠枝莲花，石榴、牡丹、菊花等也是常见花卉。缠枝形式的出现亦比几何骨架晚，新疆吐鲁番阿斯塔那唐墓出土的《乐舞图》，画中的女子下穿石榴红裙，上穿白底缠枝花卉半臂，风姿绰约，此为年代最早的图像中的缠枝花卉纹样。宋代开始缠枝逐渐增多，明清则大量出现。二方连续的缠枝比四方连续的缠枝出现更早，在唐代已普遍应用，即所谓"卷草"。

四、关于图像中织物纹样研究的思考

回到上文彼得·伯克对图像的论述，图像在很大程度上可以用作历史证据，但同时亦存在陷阱。因为图像毕竟不是真实的历史场景和可以碰触的实物，既有真实的一面，也有随意性的问题。在数千个织物纹样的遴选过程中，我们感觉到这一问题与众多因素有关。粗略地说，一是与图像的题材有关，如肖像画就比一般人物画真实；二是与绘画的艺术风格有关，同为人物画，工笔画对细节交代更清楚，相对也更接近真实；三是与图像的载体有关，如卷轴画与木板套印的年画差别较大；四是与图像的创作方式有关，即是原创，还是利用了世代流传的粉本。粉本也称"小样"，对宏幅巨制的寺观壁画来说，画工们利用的粉本很可能是前代流传下来的，因此即便是清代的壁画，反映的也很可能是明代的社会生活与穿着形象。尽管问题复杂，但从纹样题材、色彩配置与构成形式上看，总体上古代图像中的织物纹样与考古出土或传世实物有着相当的一致性，可以作为织物纹样的有益补充。当然，随意性与程式化的问题也是存在的，这就要求我们在选择纹样时有所取舍。

（一）关于真实性

绘画不仅画我所见，亦画我所未见。在所有的古代图像中，以肖像画的纹样真实性最高。唐代的仕女图，描绘纹样均十分精美。如出土于新疆阿斯塔那唐墓的屏风画残片《胡服美人图》，图中仕女穿大红地上宝相花纹样的翻领胡袍；而对比文献记载，唐代胡服盛行，女子以胡服为时髦；对照出土实物，则红色为地的宝相花正是盛唐时期的流行纹样。尽管纹样的细节与出土实物不可能完全吻合，但这幅红地宝相花纹样具有相当的真实性，是唐代女子服饰时尚的真实反映。收藏于日本泉涌寺的宋代《南山大师像》，用精细的笔法描绘了大师座椅上的两条椅披，一为满地排列的大小团花，一为清地排列的几何花卉，配色淡雅，刻画精细，细节交代十分清楚，也应有真实的织物作为参照。元代帝后肖像画，不仅描绘人物面容惟妙惟肖，服饰上的花纹也一丝不苟。如收藏于故宫博物院的《元后妃像》，令人如亲见六七百年前的蒙古贵妇之面，头上戴着大红色的姑姑冠，身穿交领大袍，袍子领边宽阔，从织物纹样看，明显是元代最流行的纳石失织金锦。纹样呈散点清地连续排列，有花卉组成的搭子纹样，有灵芝构成的滴水窠纹样，都是元代最典型的，其真实性也不必怀疑。明代是肖像画发展的高峰，帝后高官、僧侣文人、家族长辈均有肖像画传世，服饰纹样有如意云纹、缠枝花卉、团窠、几何填花等，无论是五彩还是暗花，均为真实织物的写照。如明代将军《颖国武襄公杨洪像》，身穿大红交领袍端坐椅中，身后分立的两侍卫穿的蓝色与绿色锦衣，与定陵出土的四合如意云龙纹织锦妆花缎襕袍几乎一致，只是色彩不同而已。将军座椅上的椅披与地毯上的团窠玉兔纹样，尽管没有在明代出土实物中找到完全吻合者，但团窠与玉兔都是元明时期的流行元素，如明代定陵出土文物中就有"织金奔兔纹纱"，而美国克利夫兰博物馆更有元代"团窠四兔织金锦"收藏，因此这一图像中的织金团窠玉兔是明代此类纹样依然流行的证据。至于明清肖像画中的云纹、缠枝与折枝花卉，图像与实物的相似度更高，在此不一一分析了。

除肖像画外，其他人物画如仕女画、道释人物画、寺观壁画与水陆画中的仙界人物，虽然有很多想象的成分，但在服饰和纹样的绘制方面，亦以画师们所见的真实世界为摹本，其真实性也是相当强的，并与织物纹样的时代演变规律基本一致。因此，我们采集和复原的纹样是可以作为历史证据的，这为研究我国古代染织纹样提供了重要材料，是对传统染织纹样库的有益补充。

（二）关于随意性

在古代图像上，我们也能看到两个明显的现象，一是人物服饰并不一定是真实的，特别是神仙、仕女等人物，前者是人们想象中的人物，后者较多考虑审美标准，特别是明清时期，逐渐形成程式化的着装风格，与现实生活拉开了距离。与此相应，这些人物服饰上的织物纹样也一定程度上程式化了。以几何骨架内填花的纹样为例，从唐代仕女画到清代人物画，从绢本工笔人物到山村寺观壁画，龟背花卉的纹样层出不穷，大量纹样似曾相识，风格类同，但细微处又各不相同，这种不同与其说是实物的差别，不如说是画师们在绘制时的随意性造成的。因此，尽管龟背花卉的确是历代常见纹样，但细节上的真实性是要打折扣的。另外，从数量较多的寺观壁画与水陆画来看，宋元时期一直到明代绘制的图像，尽管是民间画工所绘，纹样在服饰上的位置安排还是很有章法的，且随着衣纹的起伏而变化，接近于真实的穿着情形。而清代以来的图像，除了宫廷画以外，纹样绘制的随意性大大增加，有些纹样明显是随手涂抹，对纹样的位置、大小、穿着时的形态变化等毫不在意，同时还有将纹样简化的倾向。即使在山西浑源永安寺这样的水陆壁画巨制中，也存在不少随意性纹样，有些明显是现实生活中不可能出现的，如大尺寸的火焰纹样等。对于这样的纹样，我们在采集时加以说明，在纹样复原时基本上都舍弃了。

综上所述，在课题进行的三年时间内，我们不仅采集和绘制了历代图像中的织物纹样，同时也收获了很多，对卷轴画、壁画、年画、唐卡等不同形式的人物画传统有了直观的认识与体会，深深为我国悠久而伟大的艺术传统感到自豪。也许，仅仅把目光聚焦在织物纹样上是不够的，这些人物活动的场景，包括建筑、园林、室内；他们身边的器物，包括家具、器皿、用具，无不透过画面向我们传递出丰富的信息。仿佛穿越千百年的时空，这些人物与场景、器物都历历可视，其中还有很多丰富的内容需要我们去挖掘、整理和研究。在物质文化史以及中国艺术设计史的研究中，我们不仅要重视出土或传世的实物，也要重视图像，因为图像告诉我们的关于遥远过去的生活，是那么栩栩如生，令人不能忘怀。

风俗绘本

1 联珠团花

唐：《伏羲女娲图》

新疆维吾尔自治区博物馆藏

　　此图1967年出土于新疆吐鲁番阿斯塔那唐墓。图中伏羲、女娲人首蛇身，蛇身作相交状。两人以手搭肩相依，一人执规，一人执矩，均身着狭袖对襟襦裙。纹样选自女娲伏羲所穿上襦，为联珠团花纹样，以赭石色为底，黄色圆点为中心作简易团花，外围环绕一圈白色联珠纹。纹样四方连续，满地排列。

中国古代书画鉴定组.中国绘画全集（第1卷）：战国—唐.北京：文物出版社，1997.

2 宝相花

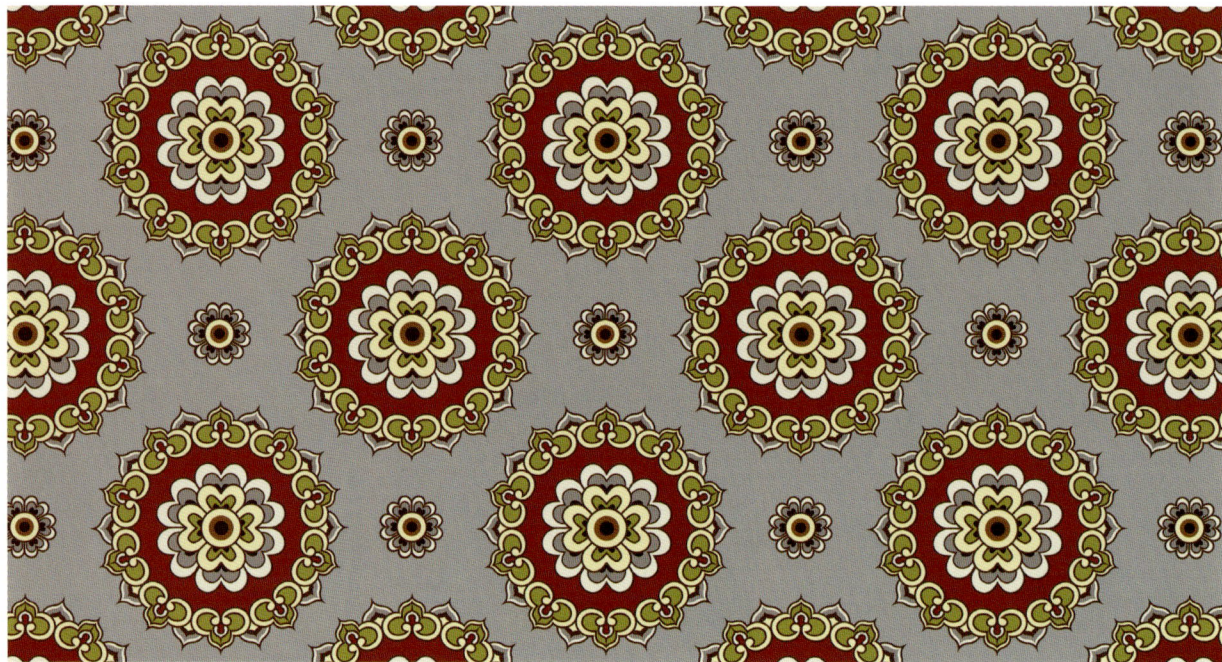

唐:《胡服美人图》

日本大谷探险队发掘,日本私人收藏

　　《胡服美人图》绢画,应为唐代屏风画的残片,由日本大谷探险队在新疆阿斯塔那唐墓发掘所得。根据同出的文书记载,年代在公元704年左右。画中人物为舞伎,面颊丰腴,神态端庄,额描花钿,梳双丫高髻,穿翻领胡服锦袍,花团锦簇。纹样取自舞伎袍服的翻领与袖口,为唐代流行的宝相花纹样。纹样花型饱满,色彩鲜艳,华贵大方,是典型的唐代装饰风格。

樊波.中国画艺术专史·人物卷.南昌:江西美术出版社,2008.

历代绘画

3 缠枝莲花

唐:《乐舞图》

新疆维吾尔自治区博物馆藏

此图 1972 年出土于新疆吐鲁番阿斯塔那张礼臣墓，为唐代随葬屏风绢画，共六幅，分别绘四乐伎与二舞伎，此为其中之一。图中舞伎头挽高髻，身着窄袖短襦、花色半臂，红裙及地，足踏重台履，左手轻拈披帛。纹样选自半臂，为缠枝莲花，浅粉色为地，浅蓝、藏青、土黄等色呈现花纹。纹样以卷曲的枝条为骨架，将花朵包在枝条内，并沿枝条点缀小花蕾；四方连续，满地排列。

中国古代书画鉴定组. 中国绘画全集（第 1 卷）：战国—唐. 北京：文物出版社，1997.

4 紫藤花

唐：《弈棋仕女图》

新疆维吾尔自治区博物馆藏

　　此图出土于新疆吐鲁番阿斯塔那187号唐墓。墓主张士是武则天时期安西都护府的官员，曾被授予上柱国勋爵。此画原为木框联屏，表现了十一位妇女、儿童形象，描绘的是贵族妇女的家庭生活场面。图中画的是一位站姿贵妇，身着蓝青色上襦，杏黄色长裙。纹样选自贵妇长裙，由三条花枝组成一串紫藤花，四方连续，散点排列。两侧为绛紫色花叶，中间是青绿色花叶，上中下有三组花瓣，裙幅与花枝配合，行动时摇曳生姿。

金维诺，刑振龄，等.中国美术全集3：绘画篇·隋唐五代绘画.合肥：黄山书社，2010.

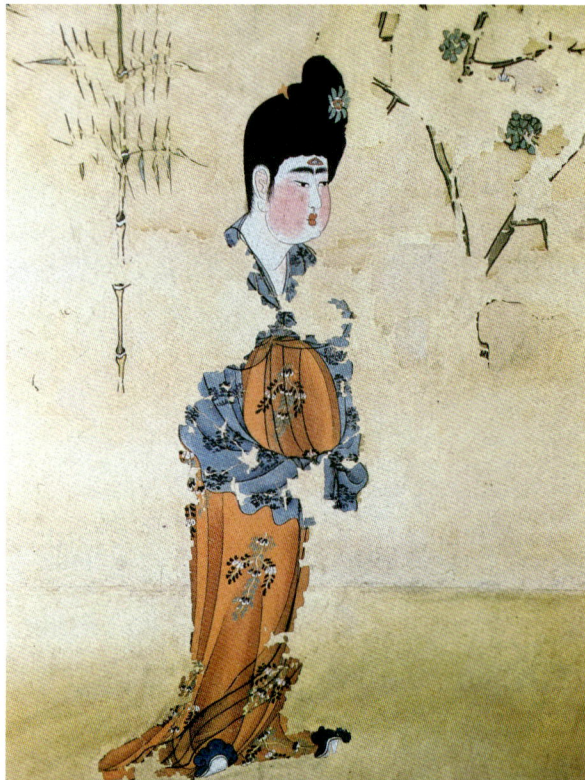

5 柿蒂纹

唐:《内人双陆图》

美国弗瑞尔美术馆藏

　　《内人双陆图》描绘了唐代贵族妇女以"双陆"这一棋艺游戏消遣生活的场景。图中间画二贵妇对坐行棋,左右有亲近观棋,侍婢应候。纹样选自左侧弈棋妇女的上襦,为四瓣柿蒂纹。在浅绿色底子上,以茶褐色线条绘四个心形组成一个柿蒂纹,柿蒂中心为赭石色圆点,其余部分由茶褐色向豆绿渐变过渡。纹样作散点分布,四方连续,清地排列。唐白居易诗曰"红袖织绫夸柿蒂",可见柿蒂纹为当时流行纹样。该贵妇身上的绿色上襦、红色长裙与黄色披帛形成色彩的对比,明艳而悦目。

浙江大学中国古代书画研究中心. 宋画全集(第6卷第6册). 杭州:浙江大学出版社, 2008.

6 团窠牡丹

唐：《簪花仕女图》

辽宁省博物馆藏

　　《簪花仕女图》是唐代画家周昉的传世名作之一，表现唐代宫廷女性的生活。她们神态安闲，或戏犬，或持花，或拈蝶，懒坐徐行，无所事事，闲散地消磨着宫苑时光。图中贵妇体态丰腴，身着低胸长裙，外罩轻软薄纱，打扮艳丽入时，是中晚唐典型的贵妇形象。纹样选自其中一位贵妇的长裙，红色为地，两朵饱满的牡丹花上下旋转对称构成团花，象牙白晕色将团花限定在更大的团窠内。团窠呈散点分布，四方连续。整体来看，花型华丽饱满，配色典雅柔和，颇具晚唐风韵。

杨建峰．中国人物画全集（上）．北京：外文出版社，2011.

7 菱格瑞花

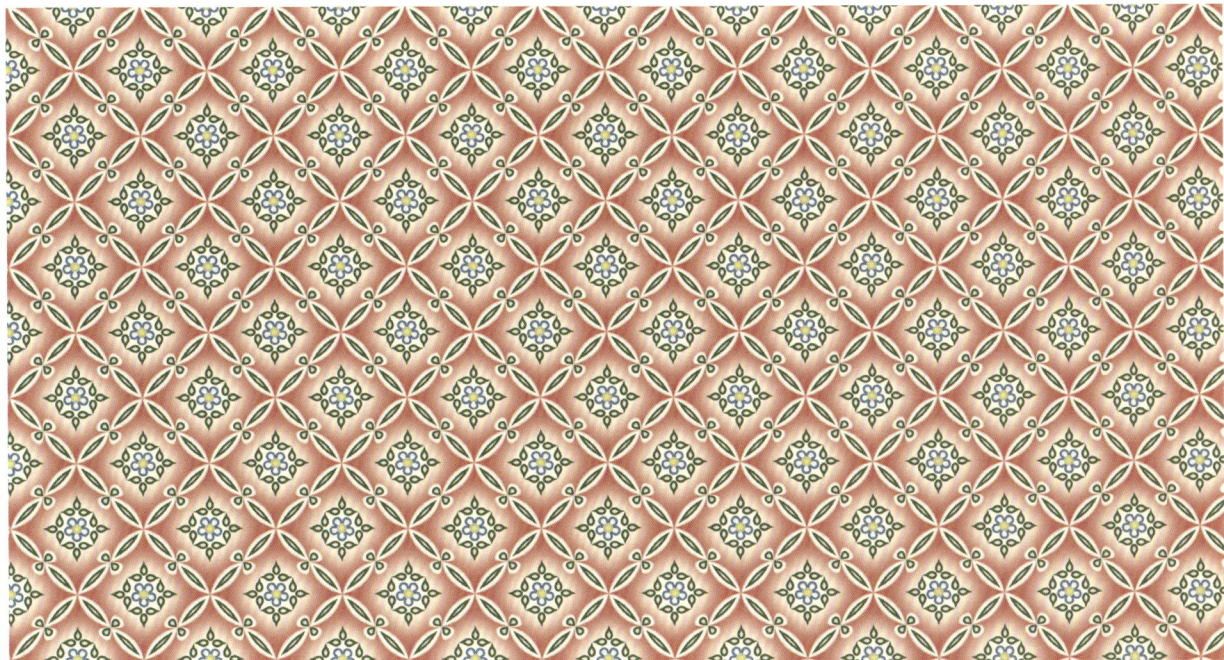

唐:《捣练图》

美国波士顿艺术博物馆藏

　　《捣练图》系唐代画家张萱作品，表现了贵族妇女在宫中劳作的场景，现藏于美国波士顿艺术博物馆，相传为宋徽宗赵佶摹本。长卷共刻画了十二个人物形象，按劳动工序分成捣练、缝纫、熨烫三组场景。第一组描绘四女以木杵捣练；第二组画两女，一女坐在地毯上理线，一女坐于凳上缝纫；第三组画四女站在帛前熨烫操作，一女在旁扇炭火，还有一个少女淘气地从帛下钻出来。画卷笔法流畅，设色艳而不俗，人物形象惟妙惟肖，是盛唐人物造型的典型风格。纹样选自第三组最左侧仕女的上襦，为"菱格瑞花"纹样。粉色为地，菱格的每条边线以两片叶子构成，内填一朵放射状四出瑞花，周边设象牙白晕色。纹样构成简洁，配色典雅，风格宁静优美。

浙江大学中国古代书画研究中心 . 宋画全集（第 6 卷第 1 册）. 杭州：浙江大学出版社，2008.

8 团窠瑞花

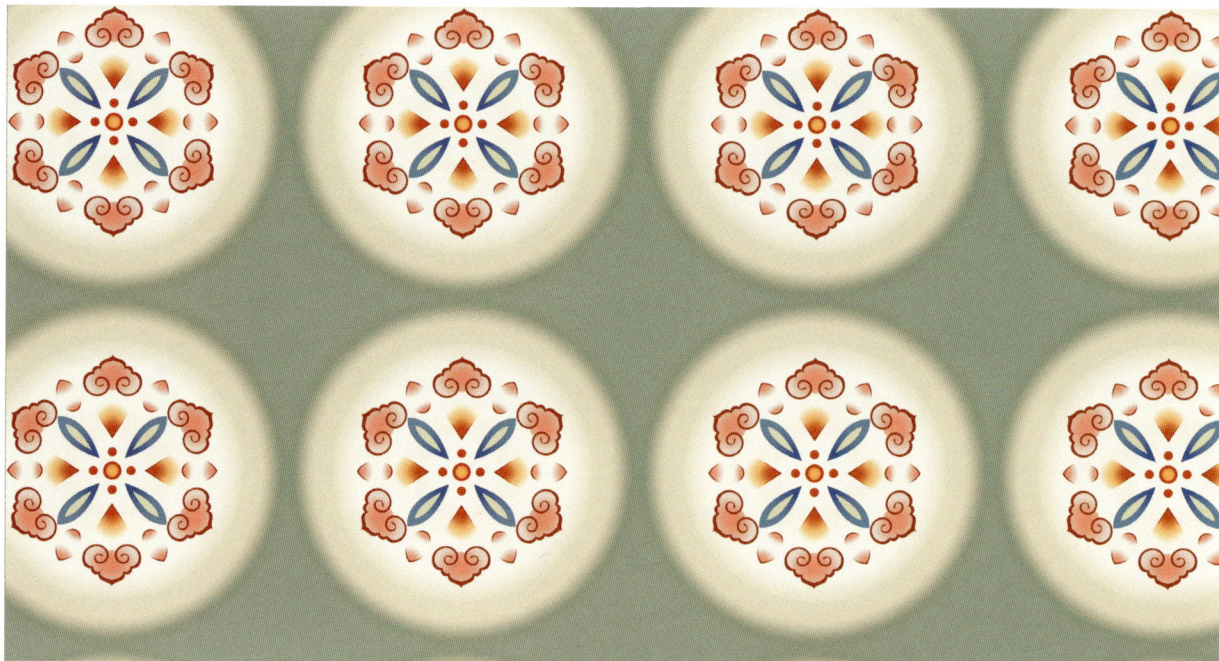

唐:《捣练图》

美国波士顿艺术博物馆藏

　　如前所述,《捣练图》系唐代画家张萱原作,现藏美国波士顿艺术博物馆的传为宋徽宗摹本。本纹样选自第一组熨烫场景中正蹲在一旁扇炭火并欲以袖掩面的侍女之裙装。纹样以晕色圆环为骨架,内填如意瑞花,即六个如意状花瓣环绕中心呈放射状八瓣小花,形似雪花。豆绿色为地,藕白晕色圆环构成团窠,清丽古雅;四方连续,清地排列。

浙江大学中国古代书画研究中心.宋画全集(第6卷第1册).杭州:浙江大学出版社,2008.

9 卷草莲花

唐:《捣练图》

美国波士顿艺术博物馆藏

　　如前所述,《捣练图》系唐代画家张萱的原作,现藏美国波士顿艺术博物馆的传为宋徽宗摹本。本纹样选自第二组缝纫场景中坐在地毯上理线的仕女之披帛。大红色为地,以波浪形卷曲的蓝色枝蔓为骨架,骨架内填粉色莲花,花头朝上或朝下相间排列,二方连续,这种构成形式一般称为"卷草"。纹样线条柔美,用色浓丽,披帛随意地挂在一袭白衣之上,色彩对比鲜明。

浙江大学中国古代书画研究中心 . 宋画全集(第 6 卷第 1 册). 杭州:浙江大学出版社,2008.

10 龟背瑞花

唐:《捣练图》
_____
美国波士顿艺术博物馆藏

　　如前所述,《捣练图》系唐代画家张萱的原作,现藏美国波士顿艺术博物馆的传为宋徽宗摹本。本纹样取自图中捣练部分一位仕女的披帛,为龟背花卉纹样。人物双手持木杵,背对画面,披帛搭在双肩。浅蓝色地上,以较深的蓝色弧线构成的六边形为骨架,内填红绿两色的花卉。纹样结构简单,风格优雅柔美,四方连续,满地排列。

浙江大学中国古代书画研究中心 . 宋画全集(第 6 卷第 1 册). 杭州:浙江大学出版社,2008.

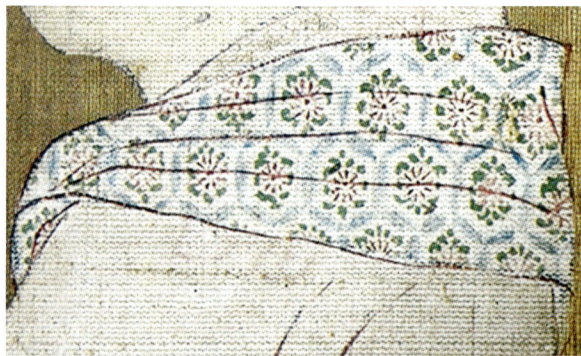

11 梭身团花

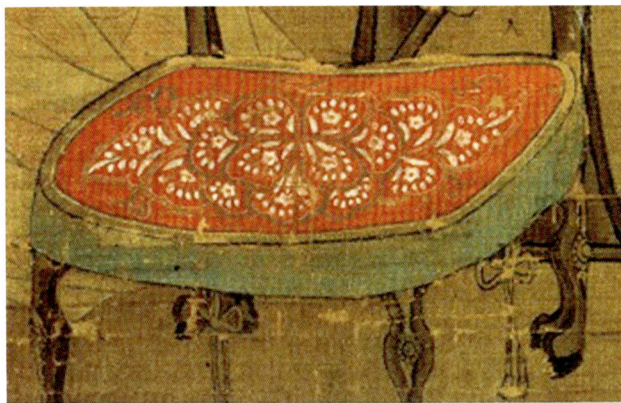

唐：《唐人宫乐图》

台北故宫博物院藏

　　《唐人宫乐图》绘有唐后宫嫔妃十人，围坐于一长方形大桌四周，或品茗，或行酒令，或吹弹奏乐，旁立二人敲打节拍。一众宫人陶醉于音律，闲适自得。图中人物的发髻服饰皆符合唐代女性装束。纹样选自图中前端椅座上的软垫，外形为长方形，正面为红色地上绣花卉纹样，四周用湖绿色的缘边套住凳子。纹样由中心向四个方向延展成为团花，再向左右两边延展，并加上装饰性花叶，类似于宋代《营造法式》中的梭身图案。白色小花与联珠组成纹样基本单元，再以金色勾边，清新大方。这是为适合凳面而设计的纹样，具有很好的装饰效果。

樊波．中国画艺术专史·人物卷．南昌：江西美术出版社，2008．

12 簇六毬路

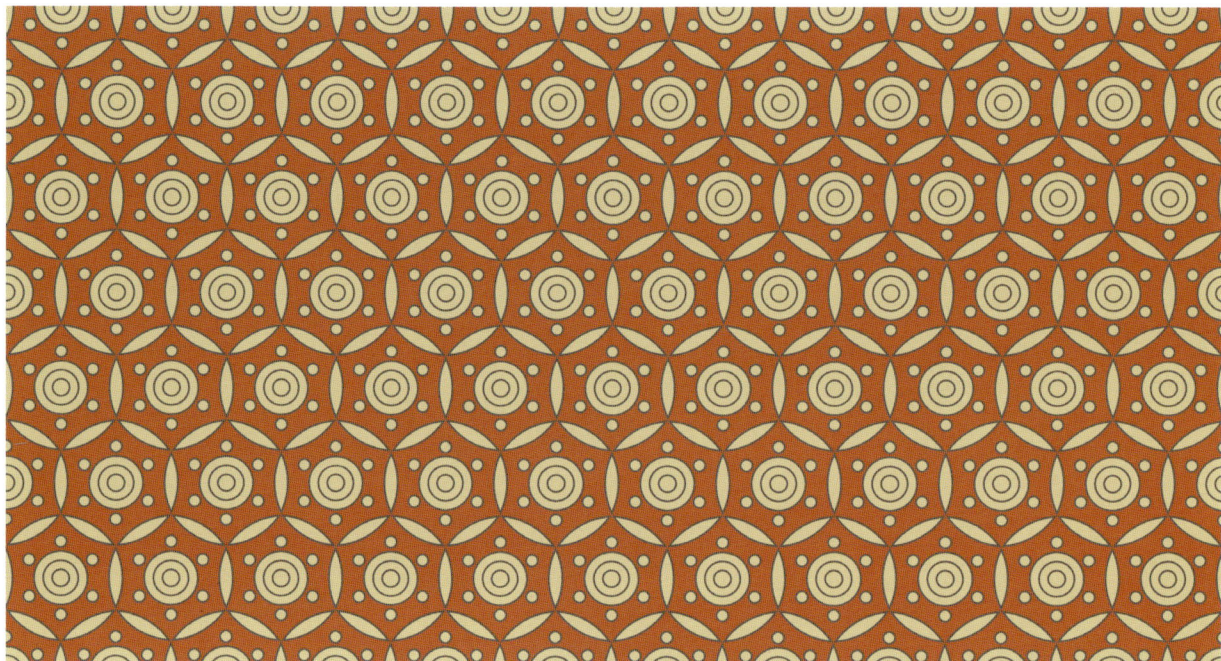

五代：《东丹王出行图》

美国波士顿艺术博物馆藏

　　《东丹王出行图》又名《番骑图》，传为李赞华（？—936）所作。李赞华，本名耶律培，辽太祖耶律阿保机长子，契丹灭渤海国后被册封为东丹王。阿保机死后，其次子耶律德光继位，耶律培受到监视，因恐遇不测而投奔后唐，后唐明宗赐姓李，更名赞华。此卷是李赞华的一幅人物画精品，共绘六位骑在马上的胡人，他们神情忧郁，但各具姿态、衣冠、服饰、佩戴亦各不相同。画风细腻，设色华丽。纹样选自左起第四位骑马者锦袍。锦袍以大红为地，簇六毬路纹底上作大团窠纹样。此为作为底纹的簇六毬路纹，六个圆环环相交组成骨架，内填同心圆和六个等距联珠，是毬路纹的一种。纹样风格严谨典雅，后世宋锦纹样与之一脉相承。

浙江大学中国古代书画研究中心．宋画全集（第6卷第1册）．杭州：浙江大学出版社，2008.

13 团 花

五代:《东丹王出行图》

美国波士顿艺术博物馆藏

　　此画同前,画中人物、服饰、马匹、器物,描绘精细,设色华丽,是一幅艺术水准很高的古代人物画。纹样取自图中右起第一位骑马男子所穿的紧身圆领袍,男子左手持缰,右手握鞭,正回首张望。纹样为团花,红色地上褐色线条绘制,分布在前胸、两肩和两肘处。这种团花纹样及其在服装上的分布形式常见于唐以后的人物画上。

浙江大学中国古代书画研究中心.宋画全集(第6卷第1册).杭州:浙江大学出版社,2008.

14 团窠对鹅

五代：《韩熙载夜宴图》

北京故宫博物院藏

　　《韩熙载夜宴图》为古代著名人物画，传为南唐画家顾闳中所作，描绘的是南唐巨宦韩熙载夜宴行乐的场景。全卷以韩熙载为中心，分"听乐""观舞""休息""清吹"及"宴散"五段。各段独立成章，又能连成整体。其中第一段绘韩熙载和宾客们宴饮、听教坊副使李家明的妹妹弹琵琶。第二段绘韩熙载亲自击鼓。第三段绘客人散后，主人和侍女休息盥洗。第四段绘韩熙载更衣乘凉，听女伎奏管乐。第五段绘一部分亲近客人和女伎调笑。纹样选自长卷第三段"休息"中挥扇侍女的长袍。袍的后背排列三个团窠对鹅纹样。两鹅相对，羽翼展开作扑腾状。婉转的白色线条绕成花纹，填充两鹅之间的空隙，形成团窠对鹅的构图。豆绿色地，白色纹样以黑色勾边，雅致优美。

浙江大学中国古代书画研究中心.宋画全集（第1卷第1册）.杭州：浙江大学出版社，2010.

15 菱格朵花

明:《韩熙载夜宴图》(明唐寅仿本)

重庆三峡博物馆藏

　　《韩熙载夜宴图》为古代著名人物画,描绘五代南唐权臣韩熙载为避后主的召用,故意耽于声乐。画家顾闳中奉旨窃画韩家夜宴,是为《韩熙载夜宴图》的由来。明代唐寅临摹此图,对背景做了较大的改动,而人物形象则显得浓艳华丽,具有明画风格。此为五位女伎吹笛奏乐的场面,纹样取自最右边一位女伎的长裙,大红为地,以点状线条构成的菱格为骨架,填以装饰性朵花。纹样红白对比,简洁优美;四方连续,满地排列。

本页文物图为 2014 年苏州博物馆"六如真如——吴门画派之唐寅特展"现场拍摄。

16 团窠莲花

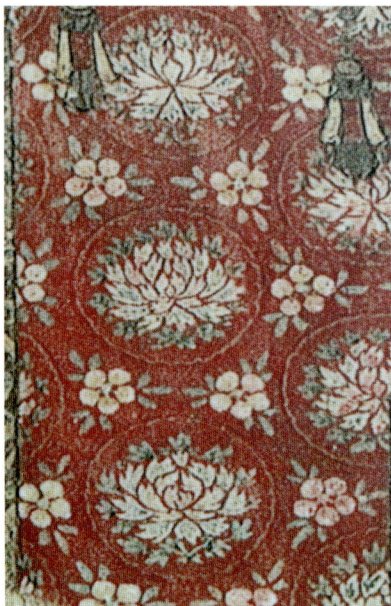
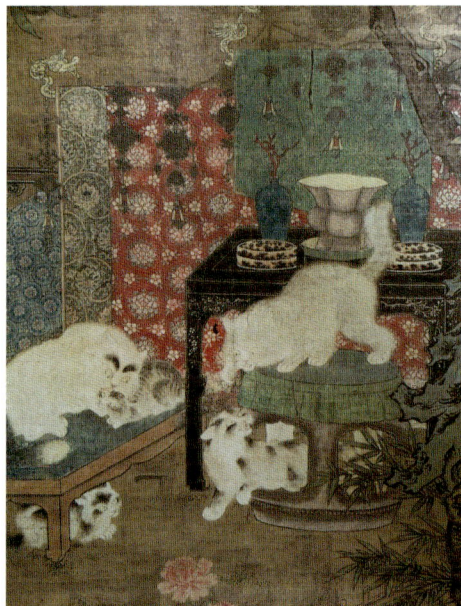

宋：《猫戏图》

私人收藏

　　此图描绘了一个有着假山花树的庭院，置有桌案、坐榻和绣墩，桌案上放着瓷尊和梅瓶，瓶中插着珊瑚。桌案的后面是帐幔，挂着色彩鲜艳的织物，有八只姿态各异的猫在其中嬉戏，生动活泼。从猫的眼睛看，应该是中午时分，阳光强烈，猫的嬉戏打破了庭院的宁静，可见画家极强的观察能力。纹样取自桌案后悬挂的织物，红色地上起团窠莲花纹样，莲花为粉色侧面表现，外环一圈绿叶；团窠外六个方向各排一朵五瓣朵花。纹样色彩鲜艳，意境优美；四方连续，满地排列。

李向平．中国古代动物画（英文）．邵达，译．北京：五洲传播出版社，2008.

17 团花牡丹

宋:《阿弥陀净土图》

日本知恩院藏

此图为日本知恩院收藏的宋代绘画《阿弥陀净土图》，纹样取自画面中心阿弥陀佛所穿的袈裟。底色为朱红色，团花纹样由上下两部分旋转对称的牡丹纹组成，牡丹的一侧衬一副花，皆为较淡的肉桂红。纹样以散点形式相间排列，四方连续，清地布局。这种旋转对称的团花纹样也见于宋代出土文物。

浙江大学中国古代书画研究中心. 宋画全集（第7卷第2册）. 杭州：浙江大学出版社，2008.

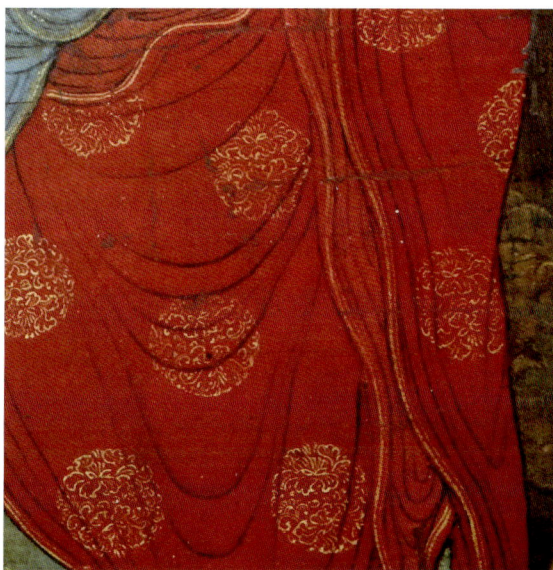

18 团 花

宋：《南山大师像》

日本泉涌寺藏

日本泉涌寺所藏《南山大师像》为工笔人物画，画中大师坐在椅上，神态安静自然，身后的椅披共分上下两层，将整把椅子罩得严严实实。因为是肖像画，画风写实，细节刻绘精细。纹样取自椅子的上层椅披，为浅褐色地上以湖蓝与浅蓝表现团花，配色极为典雅。此团花类似于唐代的宝相花，中心为外环联珠的团龙，七个如意形花瓣环绕外周，似一朵正面盛开的花卉，华而不艳。团花与团花之间则镶嵌五瓣朵花。纹样四方连续，满地排列。

浙江大学中国古代书画研究中心. 宋画全集（第7卷第3册）. 杭州：浙江大学出版社，2010.

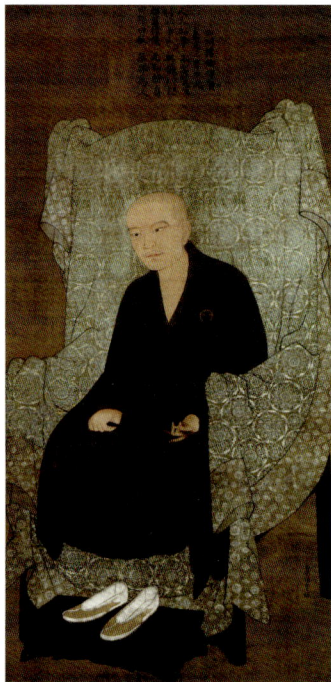

19 几何花卉

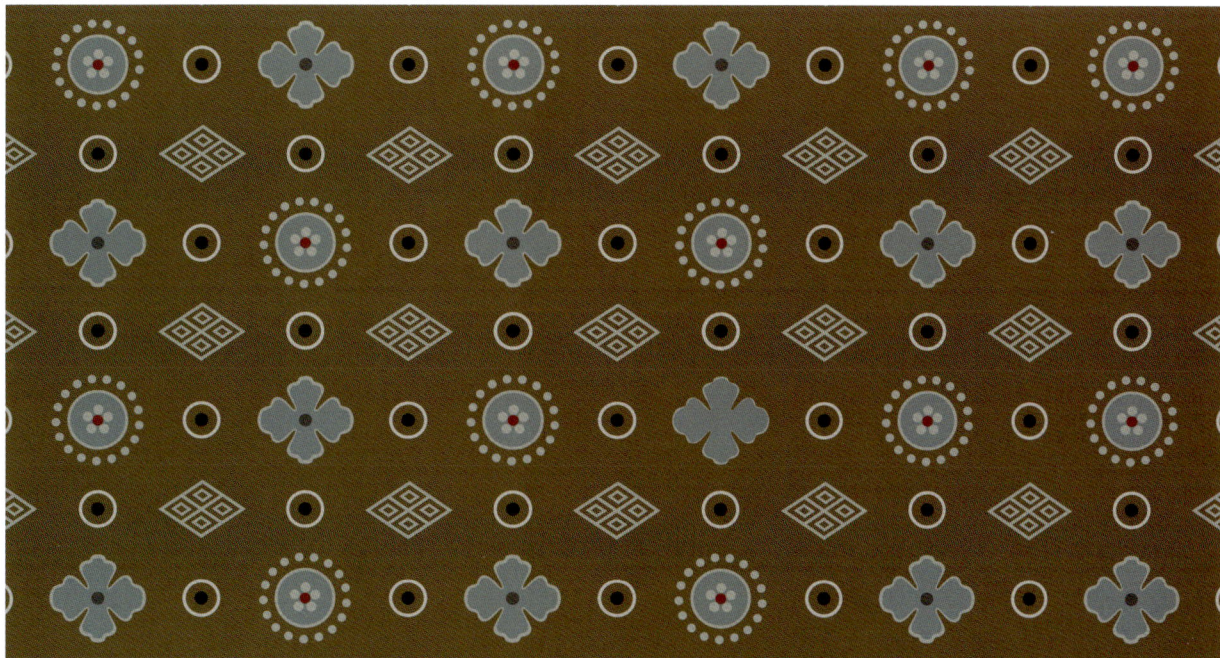

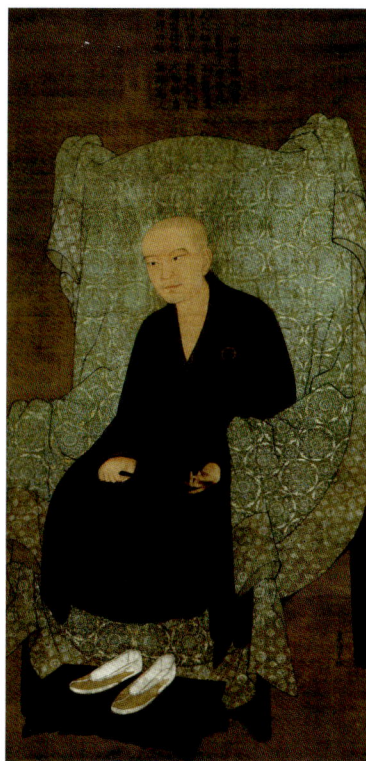

宋：《南山大师像》

日本泉涌寺藏

　　此图即前述日本泉涌寺藏宋代《南山大师像》，纹样取自大师所坐椅子的下层椅披，为呈散点分布的几何花卉纹样，分别有回纹菱格、圆点、四叶朵花、联珠小团花等，以一定规律互相穿插，风格活泼可爱，配色典雅清秀。纹样四方连续，清地排列。

浙江大学中国古代书画研究中心．宋画全集（第7卷第3册）．杭州：浙江大学出版社，2010．

20 毬路小花

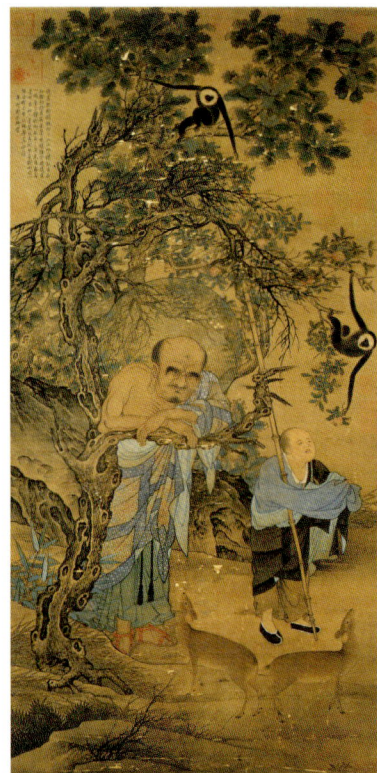

宋:《猿猴献果图轴》(罗汉图之一)

台北故宫博物院藏

　　刘松年是南宋时期著名的宫廷画家,擅画罗汉。台北故宫博物院藏有其三幅罗汉图,《猿猴献果图轴》为其中之一。画中罗汉浓眉高鼻,着右袒式袈裟,作倚树沉思状。身侧随侍的小和尚用衣袂承接树上猿猴所采之石榴,前景中有二鹿仰观,画面生动。纹样选自罗汉身上的袈裟,袈裟为长方形织物,有缘边。内芯以浅褐为地,边缘以蓝色为地,以白色圆点组成的线条作簇六毬路填朵花纹样,四方连续,满地铺排。纹样结构简单,风格优美。

刘建平.南宋四家画集.天津:天津美术出版社,1997.

21 团 花

宋:《十王图》之"平等王"

日本奈良国立博物馆藏

　　两宋期间，中国有许多宗教绘画出口到日本，《十王图》就是其中一个版本较多的题材，一般为民间画师所绘。此图为《十王图》第八幅之"平等王"，纹样取自画面左下角的小鬼衣袍。底色为黑色，以色彩偏青的白色显花。纹样为两个花蕚作上下对称排列，形成团花纹样。纹样分布在服装的胸前、两肩与两肘等处，尺寸硕大，花地分明，为四方连续排列。

浙江大学中国古代书画研究中心. 宋画全集（第7卷第1册）. 杭州：浙江大学出版社，2008.

22 毯路团花

宋：《十王像》之"秦广王"

日本神奈川县历史博物馆藏

　　此图为保存于日本的宋代绘画《十王像》之第一幅"秦广王"，纹样取自秦广王所坐椅子的椅披。底色为大红色，底纹为作六边形切分的毯路纹样，主纹为团花。团花由四朵圆形小花组成，枣红、石青同色小花对称分布。四朵小花的花瓣分别由环绕一圈的曲线组成，团花外围亦环绕一圈曲线花环。纹样为毯路底纹上相间排列团花主纹的布局，四方连续，满地排列。由于底纹的圆心较明显，给人以珍珠地上起团花之感，典雅优美。

浙江大学中国古代书画研究中心.宋画全集（第7卷第1册）.杭州：浙江大学出版社，2008.

23 团 花

宋:《十王像》之"冥使王"

日本神奈川县历史博物馆藏

　　此图为保存于日本的宋代绘画《十王像》之第二幅"冥使王",纹样取自冥使王背后所站小鬼的袍服。底色为橘红色,清地团花纹样。团花内有四朵小花,分别以半圆形曲线花瓣环绕一周。团花外围亦以半圆形曲线环绕。花色有粉白、桃红两色,同色上下左右对称排列,花心为墨绿色圆点。纹样四方连续,清地排列。

浙江大学中国古代书画研究中心 . 宋画全集(第 7 卷第 1 册). 杭州:浙江大学出版社,2008.

24 团窠重莲

宋:《十王像》之"五官王"

日本神奈川县历史博物馆藏

　　此图为保存于日本的宋代绘画《十王像》之第四幅
"五官王",纹样取自图中五官王所坐椅子的椅披。主题
纹样为大团花,每个团花由两朵带叶的莲花构成,花瓣
分绿、红两色并勾边,两花上下对称排列,团花外围再
加一圈晕染构成团窠。团窠之间的空隙以绿色点状纹样
填充。纹样华丽大气,四方连续,满地排列。

浙江大学中国古代书画研究中心.宋画全集(第7卷第1册).
杭州:浙江大学出版社,2008.

25 蝴蝶纹

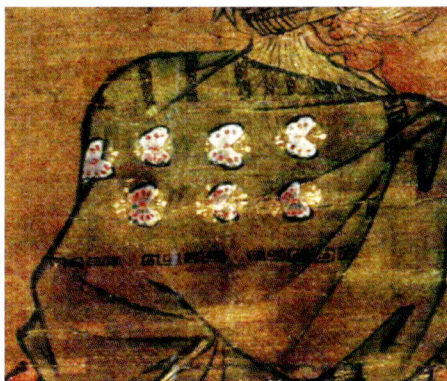

宋：《大傩图》

北京故宫博物院藏

　　"傩"是驱除瘟疫的神，古代有迎傩以驱逐疫鬼的风俗。傩礼一年数次，大傩在腊月前一日举行，傩舞是举行大傩仪式时所跳的舞。舞者头戴傩面具，手持戈盾斧剑等兵器，作驱赶扑打鬼怪状。本图所绘正是举行大傩时表演傩舞的场面。画中十二位舞者，穿戴奇异，手持包括农具、乐器等在内的各种器具，踏着鼓点起舞。人物造型古朴，线条流畅有力，更难得的是服饰上有着丰富的纹样。此纹样取自图中一位跳舞老者的外袍，为一顺排列的蝴蝶纹样，蝴蝶翅膀粉底红点，黑色勾边，触须与脚为白色。蝴蝶纹样在唐代以后进入装饰领域，后世多与花卉相配，是常用染织纹样。

浙江大学中国古代书画研究中心 . 宋画全集（第 1 卷第 6 册）. 杭州：浙江大学出版社，2008.

26 团龙团鹤

宋:《维摩居士像》

日本东福寺藏

　　这幅《维摩居士像》保存在日本东福寺，是在李公麟白描人物风貌影响下的一幅人物画精品。图中维摩居士坐在床榻上，身穿素袍，披着的袈裟上有山水纹样和花边装饰，也称"山水衲"，人物的衣纹、坐榻表面和边角的花纹都经过细致渲染，形象地表现出维摩居士的形态特征。纹样取自图中人物所坐的床榻，可以认为是铺垫了团龙团鹤纹样的垫毯。团龙纹较大，龙纹卷曲；团鹤纹较小，为旋转对称的两鹤纹。团龙与团鹤之外绘云纹。纹样四方连续，满地排列。

浙江大学中国古代书画研究中心.宋画全集（第7卷第3册）.杭州：浙江大学出版社，2010.

27 云纹瑞花

宋:《十八罗汉像》(其中一幅)

日本一莲寺藏

　　十八罗汉是指佛教传说中十八位永驻世间、护持正法的阿罗汉,由十六罗汉加二尊者而来。他们都是历史人物,均为释迦牟尼的弟子。《十八罗汉像》保存在日本一莲寺,纹样取自十八罗汉其中一位的袈裟,为云纹与瑞花的组合。瑞花呈十字花形,云纹为佛光下的一对卷云。花卉与卷云相间排列,由S形纹样相连接。红地白花,刻画精美,风格典雅。纹样四方连续,清地排列。

浙江大学中国古代书画研究中心.元画全集(第4卷第1册).杭州:浙江大学出版社,2012.

28 团窠凤鸟

元:《释迦三尊像》

日本一莲寺藏

　　娑婆世界教化众生的释迦牟尼佛，左胁侍菩萨是以智慧闻名的文殊菩萨，右胁侍菩萨是以大行闻名的普贤菩萨，三者合称"释迦三尊"。此幅《释迦三尊像》藏于日本一莲寺。画面右侧为文殊菩萨，与雄狮并立，雄狮脚踩莲花。纹样取自雄狮背部的背搭边饰，为红色地上黄色线描呈现团窠凤鸟纹样。团窠本作二方连续排列，在此改为四方连续，团窠之间则以如意纹填充，满地排列。这种团窠凤鸟纹结构严谨、色彩饱满，具有唐代装饰遗风。

浙江大学中国古代书画研究中心．元画全集（第4卷第1册）．杭州：浙江大学出版社，2012.

29 水滴窠兔纹

元:《庆有尊者像》

上海博物馆藏

《庆有尊者像》描绘了佛教十八罗汉中的第十七位"庆有尊者"。庆有是难提密多罗之译名，即传《法住记》的作者。图中绘一形象怪异的罗汉，袒胸露乳，身披袈裟，手握竹杖，足踏幼狮，弓腰呈坐姿。纹样取自图中尊者的袈裟。以水滴形窠为纹样骨架，窠内以线描方式生动地描绘了回首的兔子形象，并在周边空间填充卷云纹，朴素精美，二方连续排列。水滴窠兔纹是比较典型的元代装饰纹样，永乐宫壁画中也有类似案例。

浙江大学中国古代书画研究中心.元画全集（第2卷第3册）.杭州：浙江大学出版社，2012.

30 花卉搭子

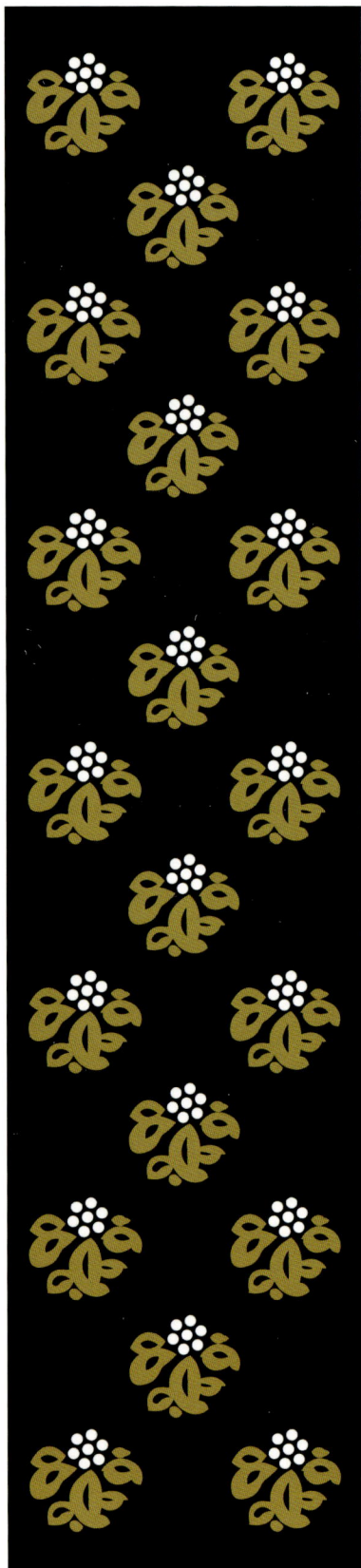

元:《元世祖后像》

台北故宫博物院藏

　　中国历代帝王后妃像中，元代帝王后妃以半身肖像画居多，均作蒙古贵族装扮。其中后妃多戴姑姑冠，身穿交领袍，领口镶以较宽的织金锦缘边。搭子是一种元代纹样，动物、花卉等组成一个纹样单元作整齐排列状，有圆形、方形、水滴形等。此纹样取自元始祖皇后像的交领饰边，以黑色作地，金、白二色显花。图案为花瓣与花叶构成的搭子，相间排列，严谨、整齐，为典型的元代丝绸纹样。

杨建峰.中国人物画全集（下）.北京：外文出版社，2011.

31 水滴窠灵芝

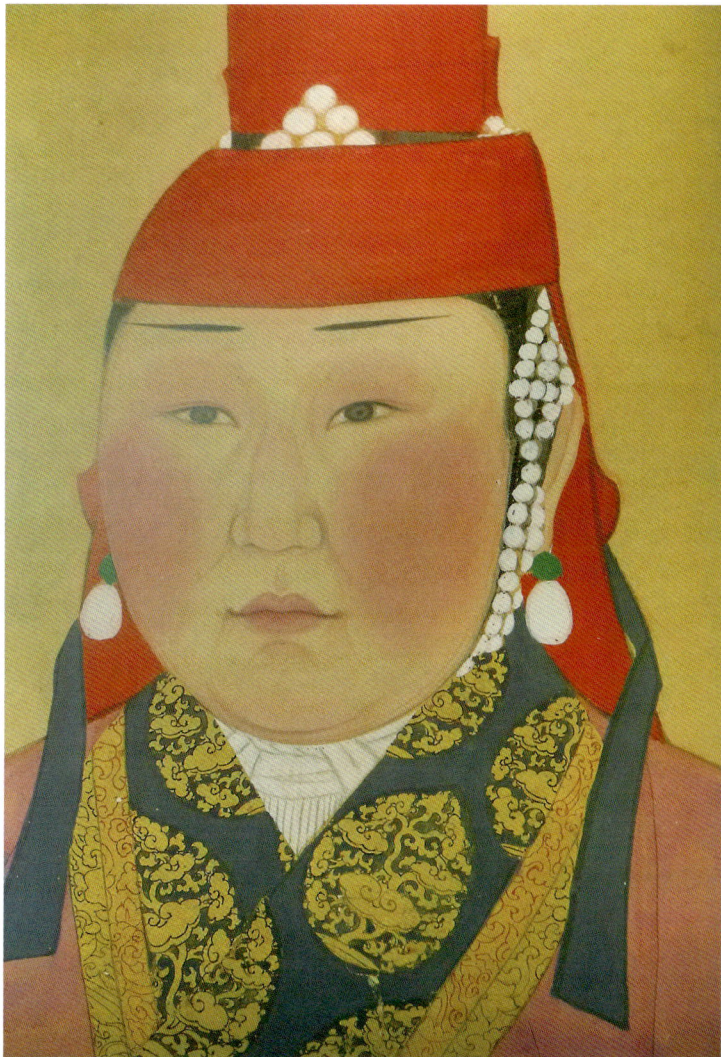

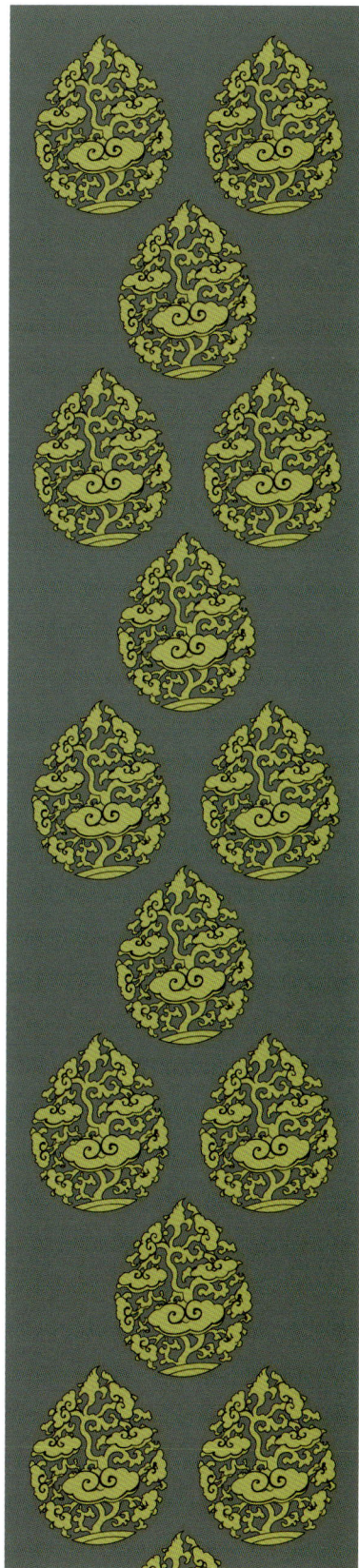

元:《后妃太子像》

台北故宫博物院藏

　　此为元代一后妃的半身肖像画,作蒙古贵妇装扮,头戴姑姑冠,身穿交领袍,交领用元代织金锦"纳石失"制作。纹样取自这位后妃衣袍的领子,蓝绿色为地,以浅绿色呈现水滴形灵芝纹样,结构严谨,排列整齐,是元代典型的丝绸纹样。灵芝被誉为仙草,寓意吉祥长寿。

浙江大学中国古代书画研究中心 . 元画全集(第 1 卷第 4 册). 杭州:浙江大学出版社, 2012.

32 荷叶纹

元:《葛洪徙居图》

天津博物馆藏

　　葛洪（约281—341），字稚川，自号抱朴子，是东晋时期道教领袖、著名医学家，知识渊博，著作弘富，有《抱朴子》等医书传世。葛洪徙居，指他携家迁往罗浮山隐居修炼的故事。此画绘葛洪徙居途中一景，纹样取自妇人怀中所抱孩童的衣衫。红色地上，以黄色作圆形图案，从中心挑出五根向外辐射的叶脉，状如荷叶，作为一个纹样单元。纹样四方连续，清地排列。

浙江大学中国古代书画研究中心．元画全集（第3卷第1册）．杭州：浙江大学出版社，2012.

33 如意云纹

元:《三星围棋图》

日本根津美术馆藏

　　《三星围棋图》描绘了三位文人下围棋的场景，画面中心为棋局，对弈者分坐棋盘两侧，一位观棋者面对观众，三位均作若有所思状，侍从分立左右。纹样取自图中左侧下棋者的袍服，以白色点状线构成的同心圆为底纹，主纹为青色线条构成的变体云纹，类四合如意。四方连续，满地排列。

浙江大学中国古代书画研究中心.元画全集（第4卷第1册）.杭州：浙江大学出版社，2012.

34 折枝花卉

元:《十王图》之"秦广王"

日本静嘉堂文库美术馆藏

　　《十王图》为佛教题材绘画,即描绘在冥府裁断亡者罪业之十位判官,又作"十殿阎王"。宋元时期,以十王为题材的佛教绘画流行,不少流入日本。纹样取自此版《十王图》中"秦广王"的桌围,为散点排列的折枝花卉。以白色和粉红色绘制花瓣,石青绘制花叶,花型饱满,花地分明。四方连续,清地排列。

浙江大学中国古代书画研究中心.元画全集(第4卷第1册).杭州:浙江大学出版社,2012.

35 六出团花

元:《琴棋书画图》之"琴图"

日本东京国立博物馆藏

　　《琴棋书画图》，传为元任仁发作，描绘了元代士人生活娱乐的一个场面。画面居中人物正在弹奏古琴，宾客分坐四周，作专心聆听状。纹样取自侍立弹奏者侧面的仆人手中的包裹，为隐含着龟背骨架的团花纹样。团花中心为一六瓣小花，外围六个如意组成的花环，构成团花轮廓。褐色作地，蓝、绿、白三色显花，花地分明，四方连续。

浙江大学中国书画研究中心. 元画全集（第 4 卷第 1 册）. 杭州：浙江大学出版社，2012.

36 如意云纹

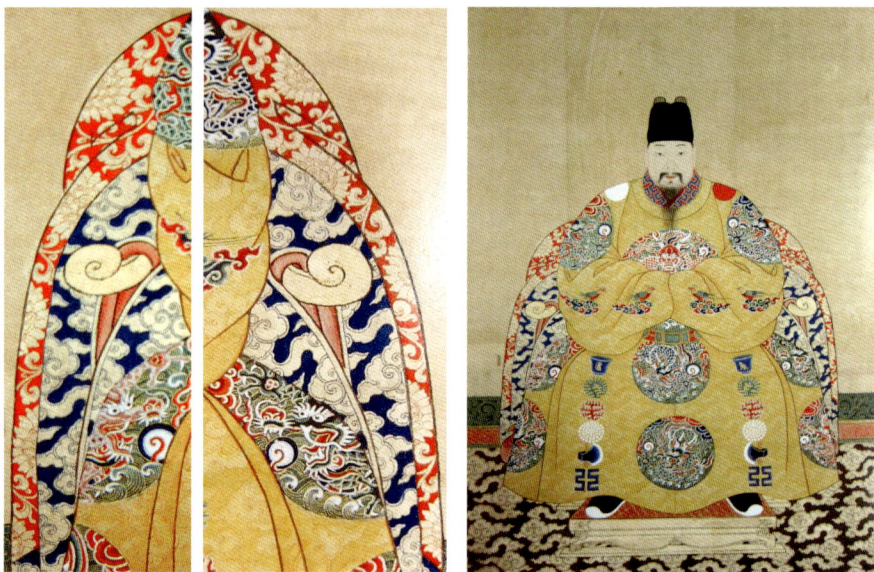

明：《兴献王朱祐杬像轴》

北京故宫博物院藏

　　此图为明兴献王朱祐杬画像，为宫廷画师所作，绘于明弘治年间（1488—1505）。朱祐杬（1476—1519）为明宪宗第四子，受封兴王，谥号"献"，明世宗之父，庙号"睿宗"。图中朱祐杬头戴翼善冠，着绣有团龙及十二章纹样的衮服，腰围玉带，正襟危坐。纹样取自朱祐杬身后的蓝色椅搭。此云纹是我国传统的如意云纹，用流畅的圆涡形线条构成云头和云尾，形似如意，寓意吉祥。

杨新.故宫博物院藏文物珍品大系——明清肖像画.上海：上海科学技术出版社，2008.

37 缠枝莲花

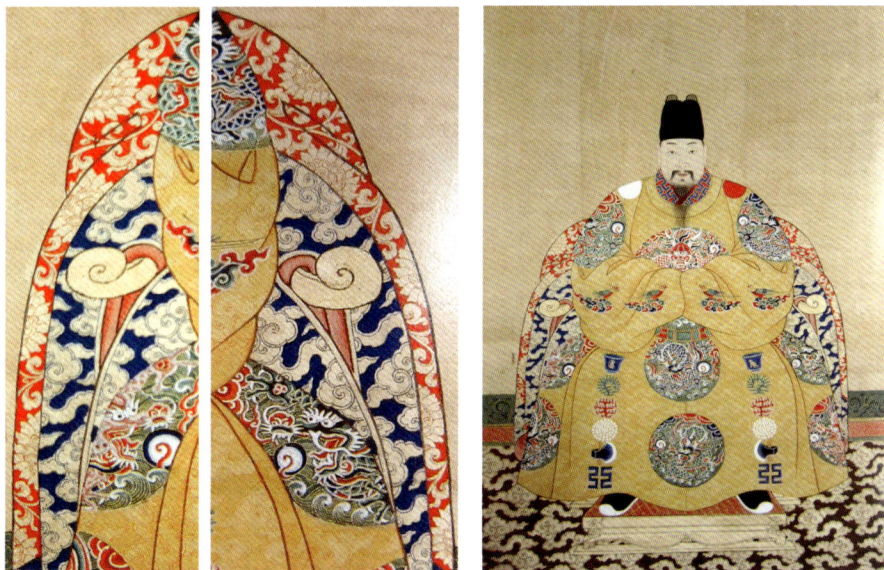

明：《兴献王朱祐杬像轴》

北京故宫博物院藏

　　此图为明兴献王朱祐杬画像，与前同。图中兴献王朱祐杬身穿十二章衮服正坐椅上，所绘纹样取自他身后的红色椅披，为红色地上以黄色呈现的缠枝莲花。缠枝莲花纹以波浪形卷曲的莲花枝条为骨架，缠绕莲花主体，构成莲花遍野的效果。纹样四方连续，满地排列。

杨新．故宫博物院藏文物珍品大系——明清肖像画．上海：上海科学技术出版社，2008．

38 缠枝石榴

明:《明熹宗朱由校朝服像轴》

北京故宫博物院藏

　　此为明熹宗朱由校朝服像，图中明熹宗头戴翼善冠，身着绣有团龙及十二章纹样的衮服，腰围玉带，足踏粉底靴。屏风上描绘出云气缭绕、双龙盘寿的景象，表现皇帝九五之尊的地位。地毯纹样为缠枝花卉，以平涂法为之，对清代帝后像的创作产生一定影响。纹样选自画中龙椅的坐垫，以蓝色为地，金色起花，为缠枝石榴纹样。纹样以卷曲的枝条为骨架，缠绕石榴纹样；四方连续，满地排列。

杨新. 故宫博物院藏文物珍品大系——明清肖像画. 上海：上海科学技术出版社，2008.

39 团窠莲花

明：《姚广孝像轴》

北京故宫博物院藏

　　姚广孝（1335—1418），法名道衍，字斯道，又字独闇，号独庵老人、逃虚子，长洲（今江苏苏州）人。明朝政治家、佛学家，靖难之役的主要策划者，协助朱棣顺利夺取南京，登基称帝。成祖继位后，姚广孝担任僧录司左善世，又加太子少师，被称为"黑衣宰相"。画中姚广孝身披袈裟，手持麈尾，盘膝坐于椅上。纹样取自他身后的椅披。底纹为龟背骨架内填六瓣小花，在此底纹上再排列团窠莲花。纹样色彩鲜艳，层次丰富，风格华丽，装饰感强。

杨新. 故宫博物院藏文物珍品大系——明清肖像画. 上海：上海科学技术出版社，2008.

40 缠枝莲花

明:《姚广孝像轴》

北京故宫博物院藏

　　此图画姚广孝身披袈裟,手持麈尾,盘膝坐于椅上。纹样取自人物座椅的椅披缘边,为缠枝莲花,二方连续,装饰在椅披的四周边缘上。其中长度方向上下对称,宽度方向左右对称,四角为深蓝色莲花纹,角与角之间则安排浅蓝色莲花纹。整体布局和谐优美,与地毯内芯纹样风格呼应。

杨新.故宫博物院藏文物珍品大系——明清肖像画.上海:上海科学技术出版社,2008.

41 团窠玉兔

明:《颖国武襄公杨洪像》

美国华盛顿史密森学会亚瑟·M.萨克勒美术馆藏

　　杨洪（1381—1451），字宗道，明朝中期名将。一生镇守边关，威震边疆，特别在"土木之变"中立下战功，是德高望重的明军将领。画面上杨洪一身红袍端坐椅上，有武将风范，身后站着两个侍卫，均锦衣英朗。纹样取自人物座椅下的地毯，为团窠玉兔纹样。以几何形小花为底纹，排列团窠主纹，窠内以蓝色为地，绘一玉兔一云，一上一下，线条流畅，造型生动。团窠相间排列，空隙处填四叶小花。纹样结构严谨，题材活泼，配色典雅，装饰性强，具有明显的元代遗风。

Clunas C, Harrison−Hall J. Ming, 50 Years That Changed China. London: The British Museum Press，2014.

42 菱格朵花

明:《女像轴》

北京故宫博物院藏

　　明代肖像画发展达到历史的高峰，为帝王、达官贵人、士人与僧侣"传神写照"的肖像图轴大量传世，表现细致入微，风格写实，包括人物服饰及其坐具也力求写真，为今天留下大量图像资料。此图绘一老妪，头戴凤冠，上饰金翟二、珠翠翟五，身穿圆领织成大红袍，端坐于交椅上。据人物头饰，可知其夫官阶品位较高，当在一、二品之间。纹样取自老妪身后一侍女手中所持巾帕，以米白色作地，蓝色显花。以 S 形曲线构成隐含的菱格骨架，内填菊花状朵花纹样；四方连续，满地排列。

杨新. 故宫博物院藏文物珍品大系——明清肖像画. 上海：上海科学技术出版社，2008.

43 团窠寿字

明:《女像轴》

北京故宫博物院藏

此图为明代女性的肖像画。图中女子头冠有金翟二、珠翟三，身穿大红袍服，补子为鹨鹉纹图案，应为七品官员的夫人。纹样取自女子身后的椅披，以绿色为地，蓝、金、红等多色显花。金色寿字外绕一圈蓝色的卷草纹并包白边构成团窠纹样，窠内以红色为地。寿字是中国传统主题纹样之一，为明清多见。纹样四方连续，清地排列。

杨新. 故宫博物院藏文物珍品大系——明清肖像画. 上海: 上海科学技术出版社，2008.

44 天华锦纹

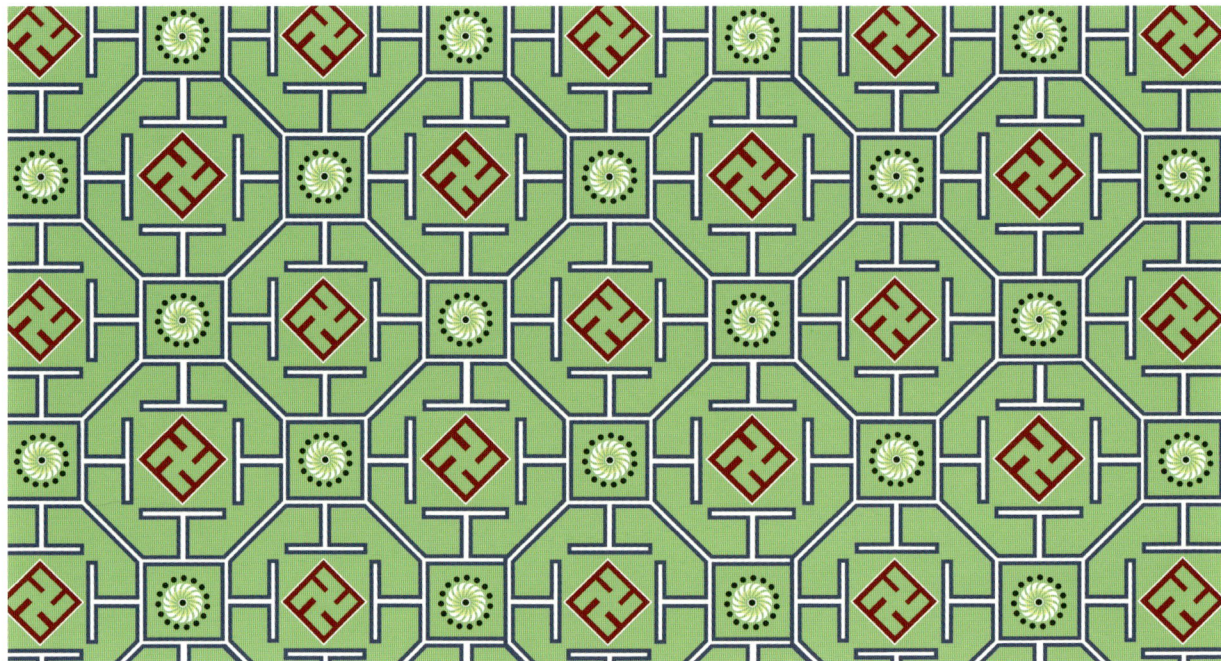

明：《女像轴》
————
北京故宫博物院藏

　　此图中贵妇坐在带椅披的圈椅上，身着大红色云蟒暗花圆领袍，补子为鹭鸶纹，腰围玉带。纹样取自椅披，为青绿色地上作几何纹样，由八角形和正方形密集排列构成骨架，并填入朵花和卍字纹，规矩的结构类似天华锦。配色雅洁，风格严谨，应为当时织物纹样的如实写照。

杨新．故宫博物院藏文物珍品大系——明清肖像画．上海：上海科学技术出版社，2008．

45 流云飞鹤

明:《王蜀宫妓图》

北京故宫博物院藏

　　《王蜀宫妓图》是明代画家唐寅著名的人物画。此图以工笔重彩画宫妓四人，衣着华贵，云髻高耸，青丝如墨，头饰花冠。图中宫妓正劝酒作乐，青衣女子似手拿酒盏，正让绿衣女子斟酒，而红衣女子已不胜酒力，正摆手欲止，却被青衣女子挡住。人物动态、表情刻画生动传神。纹样取自图中红衣女子的披肩，深灰色地上，流动的云纹也是暗沉的，白色的飞鹤翔于天空，画面充满动感。纹样四方连续，清地排列。

刘瑾，金涛.中国人物画全集（上、下卷）.北京：京华出版社，2001.

46 流水落花

明:《千秋绝艳图》

北京国家博物馆藏

　　《千秋绝艳图》在六米多长的长卷上，描绘了近七十名古代仕女形象，均为见诸史实或传说并有一定影响的女性，所以称作"千秋绝艳"。此图工笔重彩，多用铁线勾勒衣纹，服饰敷彩妍丽鲜明。画中人物相对独立，或立或坐，每一个人物都手持或配有最能体现她们身份的配物，或琵琶，或花篮，或笔墨纸砚，或书卷，或铜镜等，并在侧右上方，各题有姓名及七言绝句一首。其中王昭君以坐姿表现，纹样取自其裙子，以土黄色作地，白色曲水为底纹，主花为三朵聚在一起的小花，随波逐流，意境优美，为明代流行的流水落花纹样。

杨建峰. 中国人物画全集（下卷）. 北京：外文出版社，2011.

47 天华锦纹

清:《十二美人图》之"裘装对镜"

北京故宫博物院藏

　　《十二美人图》为清宫旧藏，共十二幅，是由清初宫廷画家创作的工笔重彩人物画。以单幅绘单人的形式，分别描绘十二位身着汉服的宫苑女子一系列闲适的生活情景，以写实的手法逼真地再现了清宫女子的服饰艺术。此纹样取自其中一幅"裘装对镜"中美人所坐炕垫，为天华锦纹，以大小圆形、方形的规矩排列为几何形骨架，内填团龙、花纹等，空隙处亦填以小朵花，配以和谐、对比的色彩，艳而不俗，古朴高雅。这种纹样在清代宋锦中常见，也可称为"锦纹"。

赵广超，吴靖雯.十二美人.北京：紫禁城出版社，2010.

48 席 纹

清：《十二美人图》之"博古幽思"

北京故宫博物院藏

　　此为前述《十二美人图》之"博古幽思"，绘一女子坐在香妃椅上，周围是陈列着瓷器、青铜器、古籍等宝物的多宝格，纹样取自其中一套古籍的书函封面。封面为织锦制成，白色为地，紫色和蓝色线条作经纬上下交织纹样，是编织纹的一种，可称为"席纹"。

赵广超，吴靖雯.十二美人.北京：紫禁城出版社，2010.

49 冰片梅花

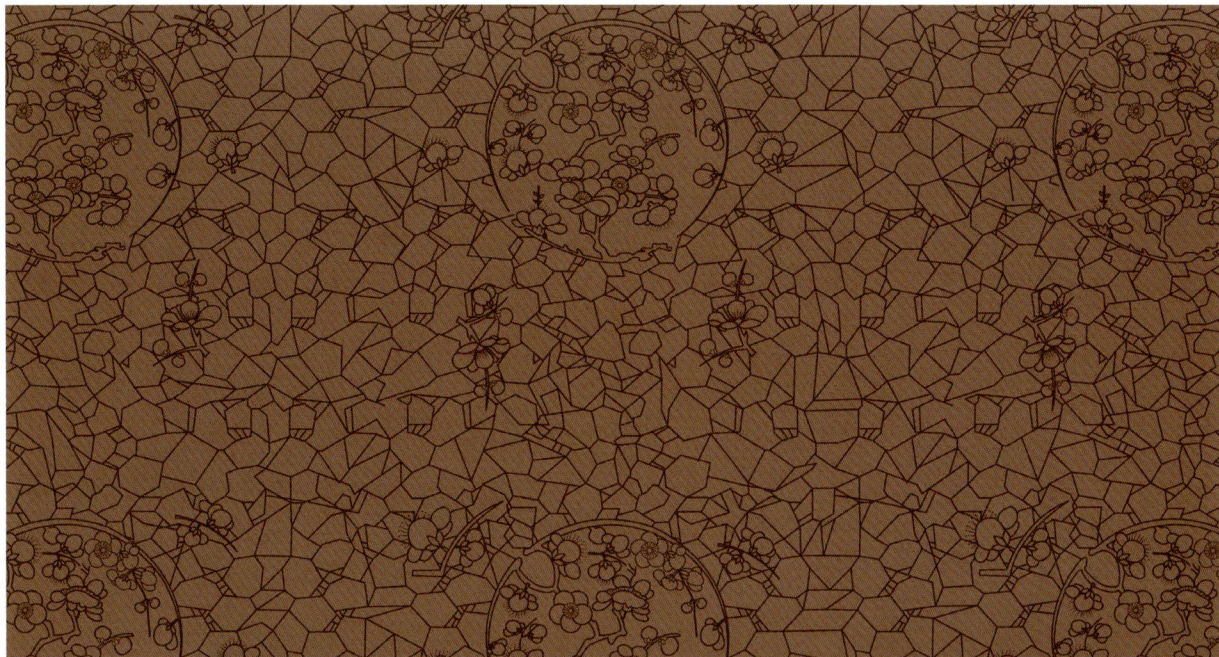

清:《十二美人图》之"博古幽思"

北京故宫博物院藏

　　此为前述《十二美人图》之"博古幽思",描绘了一位坐在古物之中的女子。纹样取自图中女子的外衣,以棕色为地,深棕起花。纹样分两个层次,上层为梅花纹样,下层为冰裂纹样,层层叠叠,精美别致。冰裂纹与古代陶瓷艺术的开片有异曲同工之妙,是残缺之美的典型表达。把冰片和梅花组合在一起,恰是对严冬季节的最好诠释。

赵广超,吴靖雯.十二美人.北京:紫禁城出版社,2010.

50 云纹冰梅

清:《十二美人图》之 "消夏赏蝶"

北京故宫博物院藏

　　此为《十二美人图》之 "消夏赏蝶"，图中绘一女子斜倚桌边，桌上放着棋盘、瓶花与折扇，暗示当为夏天；栏杆外的园子里，有几只蝴蝶在假山竹叶旁翻飞。纹样取自图中女子的长裙，以米黄色作地，白色显花，以连绵的云气构成矩形骨架，内填梅花、冰片，配色淡雅，风格娴静优美。

赵广超，吴靖雯.十二美人.北京：紫禁城出版社，2010.

51 菱格蝴蝶

清:《十二美人图》之"烘炉观雪"

北京故宫博物院藏

　　此为《十二美人图》之"烘炉观雪",绘一女子坐在床沿,观望园景,园中梅花盛开,梅枝下的竹叶有白色积雪,为冬天景观。纹样取自美人的领口装饰,以菱格为骨架,二方连续,形成大小不等的两类菱形空间。在大的空间内填上下对称的蝴蝶纹(色彩不同),小的空间内填如意纹,菱格的线条交叉处点缀卍字纹。纹样布局巧妙,满地排列。蝴蝶以其美丽的外形深受人们喜爱,且多子多福的寓意使之成为服饰上的常用纹样。

赵广超,吴靖雯.十二美人.北京:紫禁城出版社,2010.

52 锁地卍字鹿纹

清:《十二美人图》之"观书沉吟"

北京故宫博物院藏

此图为《十二美人图》之"观书沉吟",绘一女子坐在桌旁读书,若有所思,桌上放置瓶花与书函。纹样取自桌子上的书籍锦函,以锁子纹为底纹。主纹有两种,一种是梅花形窠内填鹿纹,一种是卍字纹。两种主纹在锁纹地上间隔排列,四方连续。纹样结构严谨,配色单纯典雅。

赵广超,吴靖雯.十二美人.北京:紫禁城出版社,2010.

53 蝙蝠纹

清:《春闺倦读图》

天津博物馆藏

　　冷枚（1669—1742），清代宫廷画家，焦秉贞弟子，善画人物，尤工仕女。所绘人物工丽妍雅，笔墨洁净，色彩韶秀，风格精致。此图绘一身着长袍的大家闺秀，并用画中的家具摆设以及膝下的小狗暗示人物的生活情趣和身份地位。纹样取自女子袍服的袖口，为蝙蝠纹样与花草纹样的组合。蝙蝠华丽而富装饰性，花草极简洁，两者间隔排列，二方连续。此纹样用色艳丽，对比强烈，但底色的黑色使其统一而不失和谐之感。蝠和福同音，借喻福气和幸福之意，是传统的吉祥纹样。

中国古代书画鉴定组．中国美术分类全集——中国绘画全集．北京：文物出版社，2000．

54 八达晕

清:《赐书砚图》

北京故宫博物院藏

    禹之鼎（1647—1716），清初画家，擅山水、人物、花鸟、走兽，尤精肖像，曾入京供奉内廷，名满京华。《赐书砚图》为其传世画作之一。纹样选自画面中用以包装古籍的书衣，当为康熙帝所赐。纹样以如意窠为中心，向八个方向延伸的线条构成规整的几何骨架，内填四季花卉和果实，有莲花、牡丹、梅花、兰花、灵芝、石榴、佛手等，配以和谐、对比的色彩，艳而不俗，古朴高雅。纹样四方连续，满地排列，是宋锦织物常用的八达晕纹样。

中国古代书画鉴定组 . 中国美术分类全集——中国绘画全集 . 北京：文物出版社，2000 .

55 花草纹

清:《塞宴四事图》

北京故宫博物院藏

　　《塞宴四事图》为宫廷画家所作,描绘了乾隆皇帝一行至塞外观赏蒙古族赛马、相扑、演奏、套马等活动的场面,布局宏大,人物众多,是一幅反映当时清朝与漠南、漠北蒙古族密切关系的重要历史画。此图在画法上中西合璧,重要人物的肖像出自西洋传教士画家郎世宁之手,逼真细腻。特别是画幅左下角画出了帐帷内的嫔妃内眷,这在描绘大型活动的同类作品中并不多见。纹样取自嫔妃身后的帐帷,为绿色的水草与红色的小朵花卉组合,排列方式不同于传统的缠枝与清地折枝,具有清新自然的装饰效果,似有西洋风格的影响。

聂崇正.清代宫廷绘画.上海:上海科学技术出版社,1999.

56 菱格花卉

清:《塞宴四事图》

北京故宫博物院藏

　　《塞宴四事图》描绘了乾隆皇帝带着大队随从至塞外观赏蒙古族赛马、相扑、演奏、套马等活动的场面，其中可以见到簇拥在帐帷前的几位嫔妃内眷。纹样取自嫔妃身旁的帐帷，以白色的曲折线组成菱格骨架，内填白色与蓝色双层花瓣的花卉；四方连续，满地排列。纹样配色优雅，装饰性强。

聂崇正 . 清代宫廷绘画 . 上海：上海科学技术出版社，1999.

57 卍字莲花

清:《八仙图轴》

江苏泰州市博物馆藏

　　黄慎（1687—？），字躬懋，福建宁化人，清代画家，是"扬州八怪"的重要成员。黄慎人物画的成就很高，既有工笔重彩，也有写意人物，题材广泛。这幅泰州市博物馆所藏的《八仙图轴》是工笔重彩手法的重要代表作。纹样取自图中八仙之一何仙姑的裙裳，以浅米色为地，黑色线条构成的八角形与方格为骨架，在八角形中填入蓝、紫两色的莲花，在方格中填入卍字纹，风格严谨，寓意吉祥。

杨建峰.中国人物画全集（下）.北京：外文出版社，2011.

58 回纹团花

清:《麻姑献寿图》

北京故宫博物院藏

　　任熊（1823—1857），清代晚期著名画家，"海派"艺术的代表人物之一。尤其擅长画人物，形象多高古、奇崛、夸张，得陈洪绶神韵而能别出心裁，《麻姑献寿图》为其代表作之一。纹样取自麻姑侍女的袍服下方，以浅灰色作地，蓝绿、橙色二色显花。底纹为棋盘格子填回纹，主纹为圆形团窠纹样。纹样四方连续，满地排列。

中国古代书画鉴定组 . 中国绘画全集 · 清 . 杭州：浙江人民美术出版社，2000.

寺观壁画

59 团 花

元：道教神祇金星旁之侍女

山西运城市芮城县永乐宫三清殿壁画《朝元图》

　　永乐宫位于山西运城市芮城县城北，是一座始建于元代的大型道教宫观，其中三清殿内的《朝元图》壁画是中国现存规模最大、题材最丰富的元代壁画。壁画由 286 个人物组成，绘有六帝二后、三十二天帝君、玄元十子、历代传经法师、北斗诸星、五星四曜等神仙，表现的是道教诸神朝拜元始天尊的场景。这些人物衣冠庄严，在领子、衣袖、裙裾等处大部分绘有纹样。此为道教五星之一的金星身边一侍女，纹样取自她怀中所抱乐器的外套，紫色地，暗绿色花环内填三叶形构成龟背形团花，四方连续，满地排列。纹样色彩沉稳，风格优美。

本页文物图为永乐宫三清殿壁画的摄影作品翻拍。

肖军 . 永乐宫壁画朝元图释文及人物图示说明 . 北京：中国书店，2009.

60 联珠团花

元：道教神祇水星旁之侍女

山西运城市芮城县永乐宫三清殿《朝元图》

　　如前所述，山西芮城永乐宫三清殿壁画《朝元图》描绘了道教诸神朝拜元始天尊的宏大场景。图中所示人物为道教五星之一的水星身边一侍女，体态丰盈，面相秀丽。纹样取自其领口的缘边，以紫色联珠构成方格形骨架，内填简洁小团花，风格沉稳，色彩淡雅，在同时代实物中少见。

本页文物图为永乐宫三清殿壁画的摄影作品翻拍。

肖军．永乐宫壁画朝元图释文及人物图示说明．北京：中国书店，2009.

61 龟背团窠

元：勾陈星宫天皇大帝

山西运城市芮城县永乐宫三清殿《朝元图》

　　如前所述，山西芮城永乐宫三清殿壁画《朝元图》描绘了道教诸神朝拜元始天尊的宏大场景。此图所示人物是勾陈星宫天皇大帝，着帝王冕服，上衣下裳，庄严华贵，手持笏板，端坐在华丽的宝座上。纹样取自宝座靠背的内芯，可以理解为织锦装饰，地部为龟背小花，主纹为团窠云纹。以金色显花，深褐色勾轮廓，效果富丽堂皇，与元代织金锦风格基本一致。纹样四方连续，满地排列。

本页文物图为永乐宫三清殿壁画的摄影作品翻拍。

肖军. 永乐宫壁画朝元图释文及人物图示说明. 北京：中国书店，2009.

62 银锭纹

元：北斗七星

山西运城市芮城县永乐宫三清殿《朝元图》

　　如前所述，山西芮城永乐宫三清殿壁画《朝元图》描绘了道教诸神朝拜元始天尊的宏大场景。此图截取的是道教星君——北斗七星之一的画面，这位星君手持笏板，峨冠博带，上衣下裳，脚踏翘头履。纹样取自其宽大的衣袖边饰。对照《营造法式》，纹样中两端弧形中间束腰的绿色部分，形状与银锭纹样比较接近。纹样本身为二方连续，色彩为绿、白两色，墨色勾勒，风格华丽；现改为四方连续，满地排列。

本页文物图为永乐宫三清殿壁画的摄影作品翻拍。

肖军. 永乐宫壁画朝元图释文及人物图示说明. 北京：中国书店，2009.

63 团窠如意

元：南极长生大帝

山西运城市芮城县永乐宫三清殿壁画《朝元图》

如前所述，山西芮城永乐宫三清殿壁画《朝元图》描绘了道教诸神朝拜元始天尊的宏大场景。此图截取的是其中南极长生大帝的画面局部，南极长生大帝着人间帝王冕服，戴方心曲领，宽衣大袖，身上并有披帛环绕。纹样取自南极长生大帝袖口边的披帛，以白色为地，墨绿起花，黑色勾连。纹样有两个单元，一为简化的团窠，二为四朵如意云组成的菱形纹样。团花与菱形纹样相间排列，有一种端庄规整之美。

本页文物图为永乐宫三清殿壁画的摄影作品翻拍。

肖军. 永乐宫壁画朝元图释文及人物图示说明. 北京：中国书店，2009.

64 团 花

元：南极长生大帝旁之玉女

山西运城市芮城县永乐宫三清殿《朝元图》

　　如前所述，山西芮城永乐宫三清殿壁画《朝元图》描绘了道教诸神朝拜元始天尊的宏大场景。此为画中南极长生大帝部分的截图，一玉女背对观众立于南极长生大帝之前，着华丽的宽袖上衣，长裙及地，搭绿色披帛。纹样取自其外衣，暗红色地上，散点分布白色团花纹样，团花由左右上下对称的叶片组成，纹样花地分明，风格质朴清新。

本页文物图为永乐宫三清殿壁画的摄影作品翻拍。

肖军. 永乐宫壁画朝元图释文及人物图示说明. 北京：中国书店，2009.

65 龟背花卉

元：白玉龟台九灵太真金母元君

山西运城市芮城县永乐宫三清殿《朝元图》

如前所述，山西芮城永乐宫三清殿壁画《朝元图》描绘了道教诸神朝拜元始天尊的宏大场景。其中西壁南部绘有白玉龟台九灵太真金母元君，也即"西王母"，俗称"王母娘娘"，统领管理女仙。画面中金母元君头戴凤冠，穿华贵礼服坐于宝座上。纹样取自金母元君中衣的衣袖，绿色地上，以回纹构成龟背骨架，内填白色小花，外加一圈深绿色叶子，风格清新典雅。纹样四方连续，满地排列。

本页文物图为永乐宫三清殿壁画的摄影作品翻拍。

肖军. 永乐宫壁画朝元图释文及人物图示说明. 北京：中国书店，2009.

66 团 花

元：白玉龟台九灵太真金母元君

山西运城市芮城县永乐宫三清殿壁画《朝元图》

　　如前所述，山西芮城永乐宫三清殿壁画《朝元图》描绘了道教诸神朝拜元始天尊的宏大场景。其中白玉龟台九灵太真金母元君头戴凤冠，穿华贵礼服坐于宝座上。此纹样取自宝座靠面上的装饰，可以理解为织物包覆。纹样为团花与大十字花卉的组合，原为二方连续，现改为四方连续，满地排列。风格富丽华贵，花型饱满，色彩对比强烈，有唐代遗风。

本页文物图为永乐宫三清殿壁画的摄影作品翻拍。

肖军 . 永乐宫壁画朝元图释文及人物图示说明 . 北京：中国书店，2009.

67 柿蒂朵花

元：持扇玉女

山西运城市芮城县永乐宫三清殿壁画《朝元图》

　　如前所述，山西芮城永乐宫三清殿壁画《朝元图》描绘了道教诸神朝拜元始天尊的宏大场景。其中白玉龟台九灵太真金母元君头戴凤冠，穿华贵礼服坐于宝座上，左右有玉女侍立。此纹样取自金母元君身边一持扇玉女领口上的缘边，为二方连续纹样，现改为四方连续。绿色地上，以柿蒂形团窠为骨架，与四瓣花卉互相嵌合，均以黑色线条勾画。纹样结构严谨，风格稳重大方。

本页文物图为永乐宫三清殿壁画的摄影作品翻拍。
肖军.永乐宫壁画朝元图释文及人物图示说明.北京：中国书店，2009.

68 金锭纹

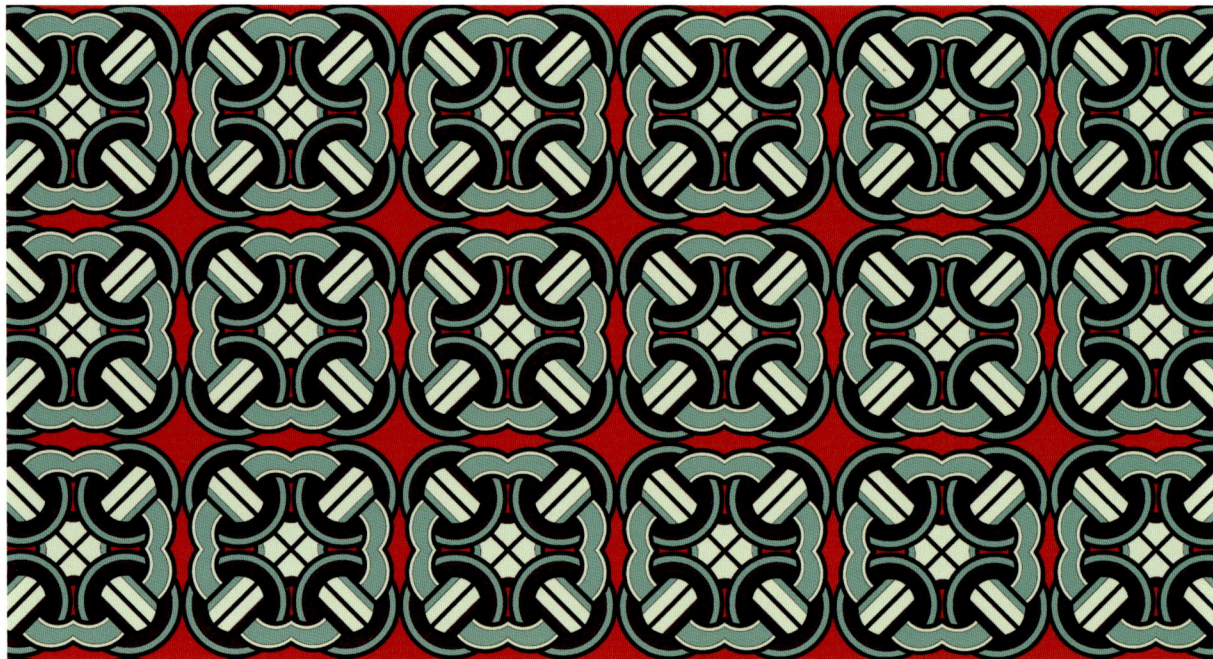

元：后土皇地祇

山西运城市芮城县永乐宫三清殿《朝元图》

　　如前所述，山西芮城永乐宫三清殿壁画《朝元图》描绘了道教诸神朝拜元始天尊的宏大场景。其中东壁南部绘有后土皇地祇，即后土玄天大圣后，生万物，统管万邦黎民，汉代以来就成为统治者崇拜的对象。图中后土皇地祇戴凤冠珠翠，着华贵礼服端坐宝座上。纹样取自宝座靠背的边缘，可以理解为织锦包覆。对照《营造法式》，应为金锭纹样。金锭、银锭纹样都是宋元时代流行的杂宝纹样。其中金锭纹样一般表现为两条长方形物呈X形交叉，它们出现在建筑彩绘上，也在瓷器、织物等装饰领域得以应用。

本页文物图为永乐宫三清殿壁画的摄影作品翻拍。

肖军.永乐宫壁画朝元图释文及人物图示说明.北京：中国书店，2009.

71 团窠朵花

元：历代传经法师

山西运城市芮城县永乐宫三清殿壁画《朝元图》

　　如前所述，山西芮城永乐宫三清殿壁画《朝元图》描绘了道教诸神朝拜元始天尊的宏大场景。在壁画的几处均出现历代传经法师这一人物形象，此为其中一位，侧对观众站立。纹样取自其衣袖，为浅黄色地，绿褐色印小团窠纹样，团窠内为四叶小花。团窠相间排列，之间用圆珠纹间隔，结构简洁，色彩素雅。

本页文物图为永乐宫三清殿壁画的摄影作品翻拍。肖军．永乐宫壁画朝元图释文及人物图示说明．北京：中国书店，2009.

72 菊花云纹

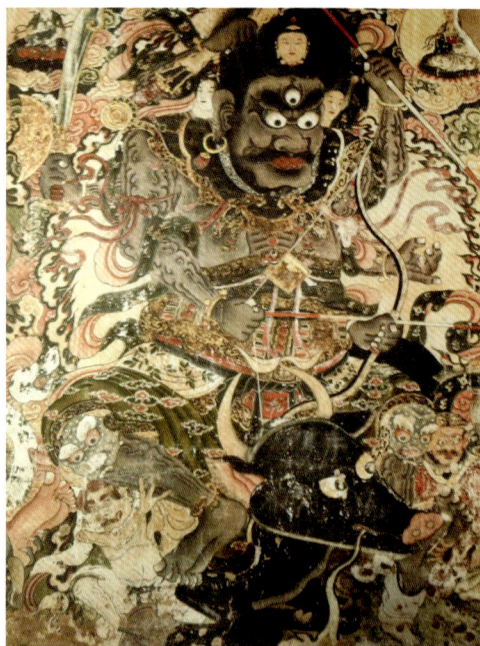

明：十大明王之大威德大力明王

山西浑源县永安寺传法正宗殿壁画

　　永安寺位于山西浑源县城东北隅，首创于金，元延祐二年（1315）重建，明清修葺。壁画绘于传法正宗殿内的四周墙壁上。其中北壁画十大明王像。明王为佛教密宗的护法神，他们骑神兽，执法器，护持禅法，神采飞扬。现存壁画为明代重彩工笔画，笔力遒劲，线条流畅，色泽艳丽而谐调，造型细节刻画分明。图中所示为十大明王之一的大威德大力明王，骑于神牛身上，纹样取自其抱肚，为简洁的菊花与云纹的组合，寓意吉祥。蓝白两色，类蓝印花布。

本页文物图为浑源永安寺壁画现场拍摄。

金维诺.中国寺观壁画典藏——山西浑源永安寺壁画.石家庄：河北美术出版社，2001.

73 云鸟纹

明：日光天子

山西省浑源县永安寺传法正宗殿壁画

  永安寺位于浑源县城东北隅，其中的传法正宗殿内绘有十大明王像和864身含佛、儒、道三教人物的水陆画。此纹样选自壁画中"日光天子"部分侍女之围腰装饰。纹样主题为云与鸟，以红色为地，云纹和鸟纹为粉色，其中云纹绘制和布局较随意，鸟纹为张开双翼的雀鸟形象，作团窠造型。风格质朴，意境优美。纹样四方连续，清地排列。

本页文物图为浑源永安寺壁画现场拍摄。

金维诺.中国寺观壁画典藏——山西浑源永安寺壁画.石家庄：河北美术出版社，2001.

74 云 纹

明：阿修罗众

山西省浑源县永安寺传法正宗殿壁画

    永安寺位于浑源县城东北隅，其中传法正宗殿内绘有十大明王像和864身含佛、儒、道三教人物的水陆画。图为壁画中"阿修罗众"一组人物。阿修罗为佛道六道众之一，本有天人之福，但因其带有强烈嗔恨之心，以争斗好战出名，介于善道与恶道之间。纹样取自画面中某位男子的衣袖，为红色地上用白色线条勾勒S形涡卷，形成简洁的云纹；散点分布，四方连续排列。

本页文物图为浑源永安寺壁画现场拍摄。

金维诺. 中国寺观壁画典藏——山西浑源永安寺壁画. 石家庄：河北美术出版社，2001.

75 云雷纹

明：奎娄胃昴毕觜参星君

山西省浑源县永安寺传法正宗殿壁画

　　永安寺位于浑源县城东北隅，其中传法正宗殿内绘有十大明王像和864身含佛、儒、道三教人物的水陆画。其中"奎娄胃昴毕觜参星君"绘于东壁，为道教二十八宿之西方七宿，即四象之一的"白虎"。纹样选自这组神祇其中一位的手巾，红色地上用金色呈现云雷纹样，纹样单元为一大一小相间排列，四方连续，类似于青铜器上的雷纹与云纹。

本页文物图为浑源永安寺壁画现场拍摄。
金维诺. 中国寺观壁画典藏——山西浑源永安寺壁画. 石家庄：河北美术出版社，2001.

76 几何瑞花

明：紫气星君

山西省浑源县永安寺传法正宗殿壁画

　　永安寺位于浑源县城东北隅，其中传法正宗殿内绘有十大明王像和 864 身含佛、儒、道三教人物的水陆画。此纹样选自壁画"紫气星君"一组人物中某位神祇的袖子，为几何瑞花纹样。纹样以八角形和方形为骨架，八角形内填十二瓣小花，花蕊由圆点组成。这种纹样在永安寺壁画中多次出现，只是细节略有区别。纹样四方连续，满地排列。

本页文物图为浑源永安寺壁画现场拍摄。
金维诺 . 中国寺观壁画典藏——山西浑源永安寺壁画 . 石家庄：河北美术出版社，2001.

77 菊花纹

明：往古文武官僚众

山西省浑源县永安寺传法正宗殿壁画

　　永安寺位于浑源县城东北隅，留存的元代建筑传法正宗殿内绘有明代十大明王像和864身含佛、儒、道三教人物的水陆画。此纹样选自殿内壁画中"往古文武官僚众"这组人物中"往古贤官"手中的巾子，以十字为骨架，在中心处绘装饰性菊花，并沿十字安排变形花叶。纹样以红色为地，白色显花，四方连续，风格清新典雅。

本页文物图为浑源永安寺壁画现场拍摄。

金维诺. 中国寺观壁画典藏——山西浑源永安寺壁画. 石家庄：河北美术出版社，2001.

78 工字纹

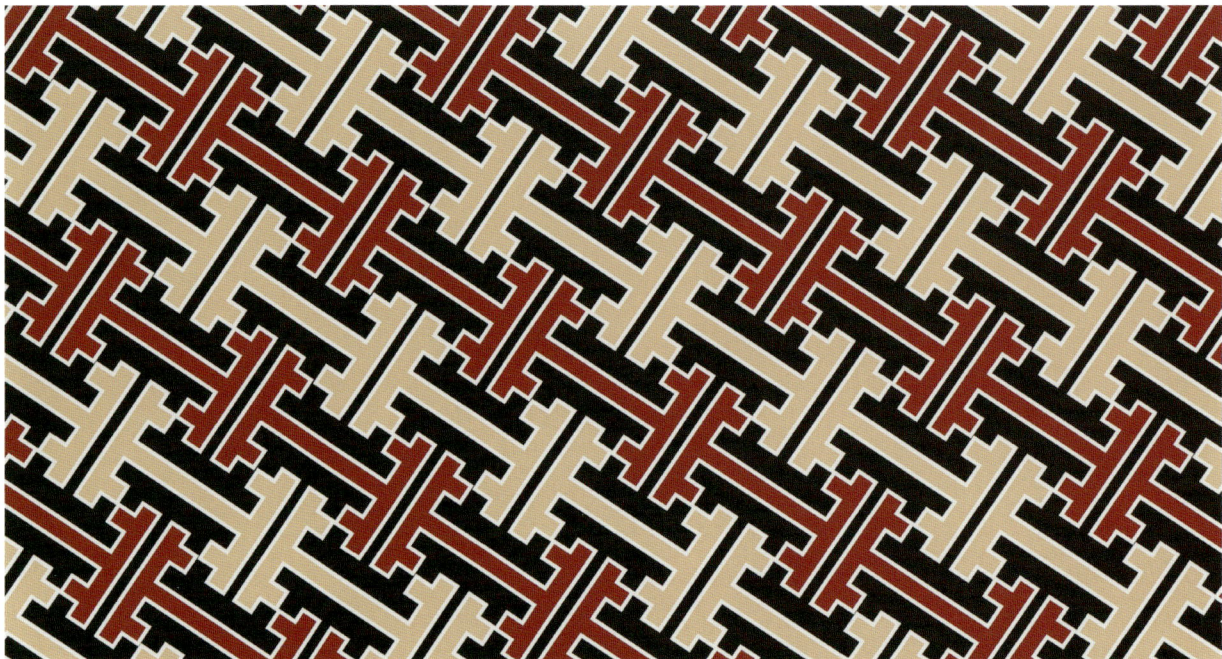

明：往古比丘众

山西省浑源县永安寺传法正宗殿壁画

　　永安寺位于浑源县城东北隅，留存的元代建筑传法正宗殿内绘有明代十大明王像和864身含佛、儒、道三教人物的水陆画。纹样选自"往古比丘众"一组人物中一比丘身上所穿袈裟，在黑色地上，红、黄两色线条构成"工"字纹样单元，再将其套叠穿插构成全幅，同时黑色露底部位也构成"工"字纹样。纹样构思巧妙，结构严谨。画面上服饰纹样与人物的比例有点夸张，可能为画师求"省事"而为之。此纹样是中国古代纺织品中常见的几何纹样，亦见之于实物，寓意吉祥。

本页文物图为浑源永安寺壁画现场拍摄。

金维诺.中国寺观壁画典藏——山西浑源永安寺壁画.石家庄：河北美术出版社，2001.

79 云纹几何

明：往古比丘众

山西省浑源县永安寺传法正宗殿壁画

　　永安寺位于浑源县城东北隅，留存的元代建筑传法正宗殿内绘有明代十大明王像和864身含佛、儒、道三教人物的水陆画。此纹样选自"往古比丘众"中一比丘所穿袈裟，纹样由菱形对分形成的三角形为骨架，骨架线为白色圆点组成，三角形内填不规则形云气纹，有一种将云纹打散重构的意味。纹样由红、蓝、绿三色组成，结构严谨，图案灵活变化，具有较高的审美效果，在明清宗教及世俗纹样中并不多见。

本页文物图为浑源永安寺壁画现场拍摄。

金维诺. 中国寺观壁画典藏——山西浑源永安寺壁画. 石家庄：河北美术出版社，2001.

80 团窠花卉

明：往古优婆姨众

山西省浑源县永安寺传法正宗殿壁画

　　永安寺位于浑源县城东北隅，留存的元代建筑传法正宗殿内绘有明代十大明王像和864身含佛、儒、道三教人物的水陆画。纹样选自壁画中"往古优婆姨众"一女子所穿裙子。优婆姨指在家信佛、行佛道并受了三皈依的女子，即女居士。底纹类似于六出毬路花卉，但画得不太标准，成了由九个首尾相接的椭圆形排列而成的圆环内填一朵小花。在这样的底纹上，再安排华丽的团窠花卉，像一幅幅以花草为题的团扇放置在织锦上，给人花团锦簇之感。

本页文物图为浑源永安寺壁画现场拍摄。

金维诺.中国寺观壁画典藏——山西浑源永安寺壁画.石家庄：河北美术出版社，2001.

81 龟背瑞花

明：月宫天子

北京法海寺大雄宝殿壁画

　　法海寺位于北京西郊翠微山南麓，明代正统四年至八年（1439—1443）由工部营缮所负责修建，现仅存大雄宝殿及殿内壁画。壁画所绘人物有佛、菩萨、二十诸天、飞天仙女等，设色华美、描绘细腻，服饰高贵典雅，纹样工整，有皇家气派。纹样选自法海寺大雄宝殿西侧"月宫天子"所穿裙裳。月宫天子又称"月天子""月天"等，源自印度古老神话，佛教中则是大势至菩萨的化身，也称"宝吉祥"。这里表现为男神形象，上衣下裳，持笏板。纹样以六边形龟背为骨架，内填装饰性朵花，四方连续，满地排列。

　　本页文物图为法海寺壁画复制品现场翻拍。

82 团 凤

明：月宫天子

北京法海寺大雄宝殿壁画

  北京法海寺大雄宝殿内保存有精美绝伦的明代壁画，壁画人物众多，服饰华贵，具有皇家气派。纹样选自壁画中"月宫天子"所穿的袍服。月宫天子作男性装扮，戴冠，上衣下裳，衣袖宽大，手持笏板。纹样取自月宫天子的上衣，为白色地上排列团凤纹样。凤头向上做展翅飞翔状，尾羽飘逸，配衬缠枝莲花，构成华丽的团窠。色彩以绿灰色、蓝色、红色为主，明度较低，配色典雅。四方连续，清地排列。

  本页文物图为法海寺壁画复制品现场翻拍。

83 双菊团花

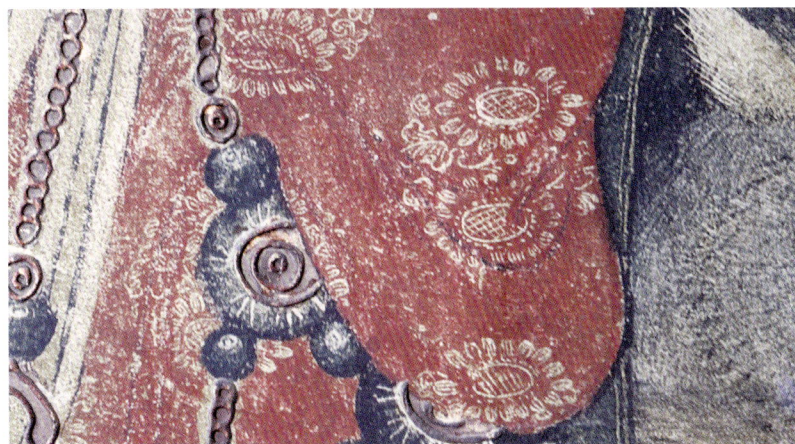

明：辩才天女

北京法海寺大雄宝殿壁画

　　北京法海寺大雄宝殿内保存有精美绝伦的明代壁画，壁画人物众多，服饰华贵，具有皇家气派。纹样选自法海寺大雄宝殿西侧"辩才天女"所穿禅裙。辩才天女亦称"妙音天女""美音天""妙音佛母"等，为女性身相，是佛教中的音乐与艺术之神。纹样以红色为地，白色线条勾勒。一个纹样单元为两朵装饰性菊花并置，并配衬简化的叶子，风格典雅大方。

本页文物图为法海寺壁画复制品现场翻拍。

84 折枝莲花

明：药草树林神

北京法海寺大雄宝殿壁画

　　北京法海寺大雄宝殿内保存有精美绝伦的明代壁画，壁画人物众多，服饰华贵，具有皇家气派。此纹样选自西侧"药草树林神"所穿袍服的袖子。药草树林神为一女像，服饰华丽富贵，手持一树枝，身旁侍立天女。纹样为折枝莲花，此类线描莲花在法海寺壁画的人物服饰中较为常见，花型由多层莲瓣构成，周边配衬花叶。纹样原为二方连续，现改为四方连续。

本页文物图为法海寺壁画复制品现场翻拍。

85 灵芝团花

明：药草树林神

北京法海寺大雄宝殿壁画

　　北京法海寺大雄宝殿内保存有精美绝伦的明代壁画，壁画人物众多，服饰华贵，具有皇家气派。此纹样选自西侧"药草树林神"所穿裙裳，蓝色为地，淡黄色线描，一个纹样单元为上下两朵灵芝构成一个团花，四方连续，清地排列。灵芝有延年益寿之功效，通常用灵芝代表长寿，因此这是世俗纹样在佛教绘画中的应用。

本页文物图为法海寺壁画复制品现场翻拍。

86 火焰纹

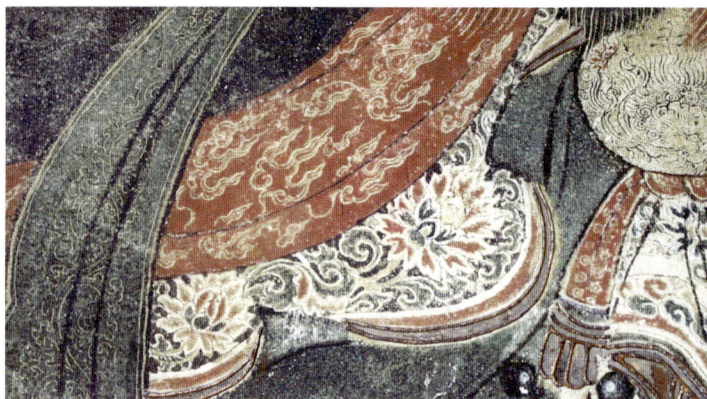

明：西方天王（广目天王）

北京法海寺大雄宝殿壁画

　　北京法海寺大雄宝殿内保存有精美绝伦的明代壁画，壁画人物众多，服饰华贵，具有皇家气派。此纹样取自广目天王所穿服饰。广目天王为佛教四大天王之一，通常身披盔甲作武将装扮，因其能以净天眼随时观察世界，护持人民，故得名。纹样位于广目天王身上披帛一角，以红色为底，灰白色线条表现火焰纹样，火焰呈向上的趋势。一般来说，火焰纹多用于特殊人物的服饰上。

　　本页文物图为法海寺壁画复制品现场翻拍。

87 缠枝莲花

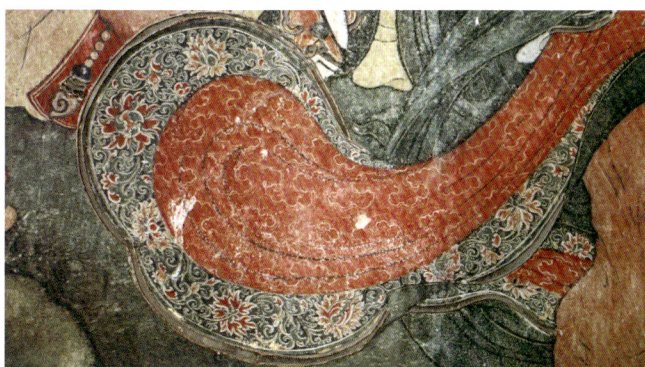

明：密迹金刚

北京法海寺大雄宝殿壁画

　　北京法海寺大雄宝殿内保存有精美绝伦的明代壁画，壁画人物众多，服饰华贵，具有皇家气派。纹样取自"密迹金刚"所穿裙裤。密迹金刚又称"夜叉王"，另有"金刚力士""持金刚""金刚手菩萨""执金刚神"等名，手持金刚杵，威力无比，是佛教中勇猛的护法神。纹样主题为缠枝莲花，盛开的莲花有两种颜色，一种是大红色，一种是粉色，卷曲的枝蔓将等距离排列的莲花联系在一起，具有华丽、优美、流畅、生动的艺术效果。

本页文物图为法海寺壁画复制品现场翻拍。

88 团 花

明：密迹金刚

北京法海寺大雄宝殿壁画

　　北京法海寺大雄宝殿内保存有精美绝伦的明代壁画，壁画人物众多，服饰华贵，具有皇家气派。纹样选自壁画中密迹金刚身边的一位持锯小鬼，它上身赤身披一花色巾子，下穿团花纹样的裤子。团花以石榴为主题，周围枝叶环绕，构成一个团花。团花与团花相间排列，间隙再填以六瓣小花，形成花团锦簇的效果。纹样结构较复杂，色彩以红色、深蓝色为主，花型饱满，风格华丽，美感十足。

　　本页文物图为法海寺壁画复制品现场翻拍。

89 重莲团花

明：普贤菩萨

北京法海寺大雄宝殿壁画

　　北京法海寺大雄宝殿内保存有精美绝伦的明代壁画，壁画人物众多，服饰华贵，具有皇家气派。此纹样选自大雄宝殿内本尊塑像龛背的普贤菩萨所穿围腰，为椭圆形的团花纹样，色彩以蓝色为底，淡黄色线描表现，对莲花的花瓣、叶子做了简化处理，上下两朵莲花呈旋转对称，组成一略呈椭圆形的团花。纹样四方连续，清地排列。

　　本页文物图为法海寺壁画复制品现场翻拍。

90 团窠莲花

明：水月观音像

北京法海寺大雄宝殿壁画

北京法海寺大雄宝殿内保存有精美绝伦的明代壁画，壁画人物众多，服饰华贵，具有皇家气派。此纹样选自法海寺大雄宝殿本尊龛背上水月观音所穿禅裙，为团窠莲花纹样。水月观音为法海寺壁画乃至我国古代佛教美术中最精彩的造像之一，人物头戴宝冠，身被璎珞、天衣，极为富丽庄严。其中禅裙上的纹样以红色为地，用淡黄色线描表现团窠莲花，花叶饱满，线条细腻，整体风格沉着雅致；四方连续，清地排列。

本页文物图为法海寺壁画复制品现场翻拍。

91 菱格云纹

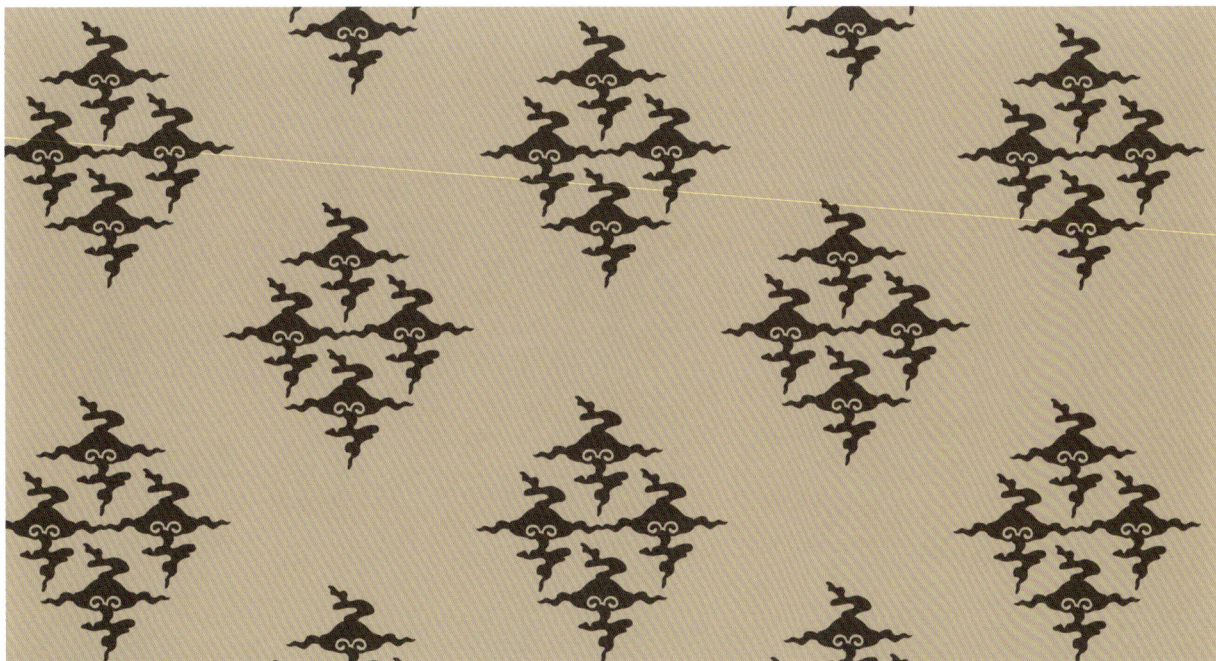

明：大地神女

北京法海寺大雄宝殿壁画

　　北京法海寺大雄宝殿内保存有精美绝伦的明代壁画，壁画人物众多，服饰华贵，具有皇家气派。此纹样选自壁画中"大地神女"所穿的袍服。大地神女，即"坚牢地天"，又称"坚牢地神""持地神"等，是一位主管大地和万物生长的印度女神，佛教视其为保护土地、滋养植物的天神。纹样单元由四个如意云纹组成一个菱形，简洁中有变化；四方连续，清地排列。色彩明度低，以土黄色为地，云纹为深褐色。

本页文物图为法海寺壁画复制品现场翻拍。

92 折枝花卉

明：天神

北京法海寺大雄宝殿壁画

北京法海寺大雄宝殿内保存有精美绝伦的明代壁画，壁画人物众多，服饰华贵，具有皇家气派。纹样取自其中一位半人半兽之神的头巾，以红色为地，主要用蓝灰和白两色表现花卉纹样。花卉与莲花较接近，以折枝表现，但四周伸出柔软的枝叶，使相邻莲花之间布满枝叶。纹样风格优美，配色和谐；四方连续，满地排列。

本页文物图为法海寺壁画复制品现场翻拍。

93 几何朵花

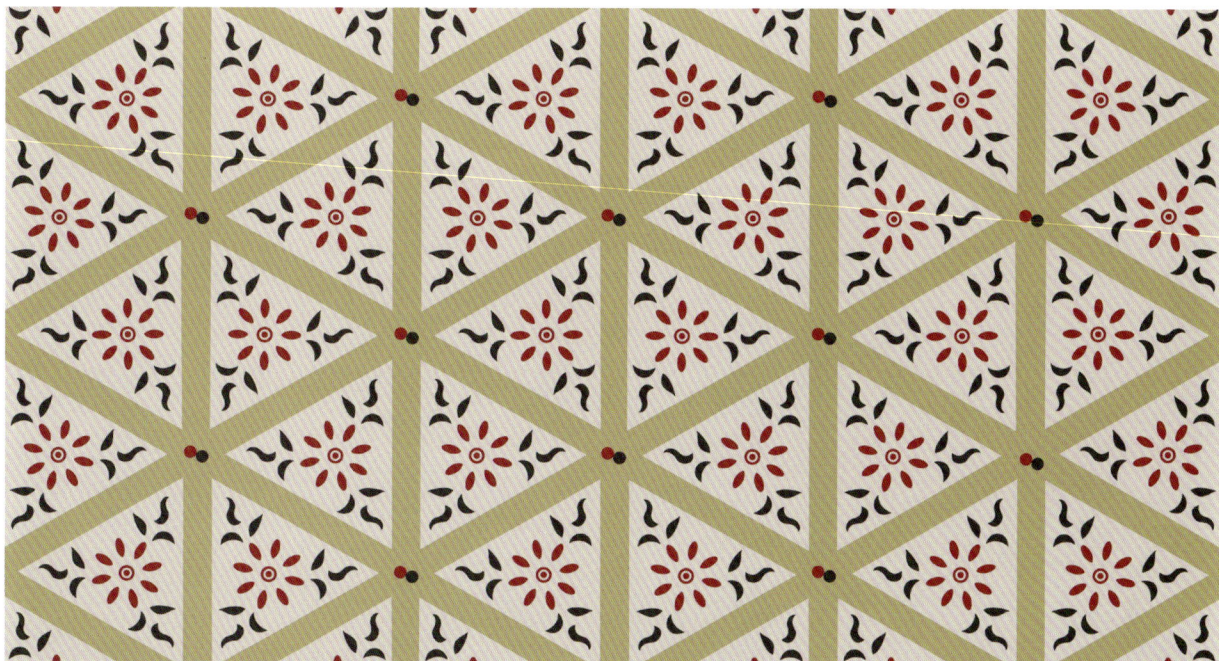

明：天女

北京法海寺大雄宝殿壁画

　　北京法海寺大雄宝殿内保存有精美绝伦的明代壁画，壁画人物众多，服饰华贵，具有皇家气派。纹样选自壁画中一天女所穿的裙子，以六边形为骨架，对角线两两相接形成六个三角形，每个三角形内填以红花绿叶的小花，构成几何朵花纹样。色彩为浅黄、灰色、红色、绿色，纹样结构简单明确，整体清新素雅。

　　本页文物图为法海寺壁画复制品现场翻拍。

94 菱格朵花

明：天女

北京法海寺大雄宝殿壁画

　　北京法海寺大雄宝殿内保存有精美绝伦的明代壁画，壁画人物众多，服饰华贵，具有皇家气派。纹样选自壁画中一天女所穿的裙子，为几何花卉纹样。在浅灰色地上，由较细的红色曲折线构成的菱格为骨架，在格内填入蓝灰色的装饰性小花，四角有叶形点缀。纹样四方连续，简单素雅。

　　本页文物图为法海寺壁画复制品现场翻拍。

95 联珠朵花

明:《迎驾图》

山西汾阳圣母庙壁画

　　圣母庙俗称娘娘庙，位于山西省汾阳市市郊的田村，是供奉圣母的庙堂，明嘉靖二十八年（1549）重建。现圣母殿为明代原构，殿内东、西、北三壁绘满壁画，是明代壁画中的佳品。汾阳圣母庙东壁表现的是圣母娘娘出宫奉迎的场景，纹样取自随行侍女的服装，底色为偏暗的淡红色，以深红色呈现纹样。纹样单元为小团花外带一圈联珠纹，间以三个小圆点辅衬；四方连续，风格柔和大方。

本页文物图为汾阳圣母庙壁画现场拍摄。

金维诺. 中国寺观壁画典藏——山西汾阳圣母庙壁画. 石家庄：河北美术出版社，2001.

96 菊花纹

明:《燕乐图》(后宫侍女)

山西汾阳圣母庙圣母殿壁画

　　山西省汾阳市田村的圣母庙,殿内东、西、北三壁绘有精彩的明代壁画。北壁《燕乐图》表现了圣母后宫享乐生活的场面,其中最精美动人的是东侧一组正在行进的女子乐队并手捧各色杂物的侍女们。此纹样取自一位侍女的衣裙,以土黄色作地,红、绿两色显花。图案为简洁的一朵菊花向四个方向点缀叶片,配色柔和,风格优雅。

本页文物图为汾阳圣母庙壁画现场拍摄。

金维诺.中国寺观壁画典藏——山西汾阳圣母庙壁画.石家庄:河北美术出版社,2001.

97 龟背雏菊

明：《燕乐图》（后宫侍女）

山西汾阳圣母庙圣母殿壁画

　　山西省汾阳市田村的圣母庙，殿内东、西、北三壁绘有精彩的明代壁画。北壁《燕乐图》表现的是圣母后宫的生活场景，画中人物较多，有乐伎、侍女等。纹样取自东侧一位红衣侍女的裙面。纹样灰色为地，以灰白描绘的龟背形为骨架，内填同色小雏菊，花蕊为暗红色，四方连续，满地排列。纹样整体风格素雅简洁，有宋代纹样的影子。

本页文物图为汾阳圣母庙壁画现场拍摄。

金维诺. 中国寺观壁画典藏——山西汾阳圣母庙壁画. 石家庄：河北美术出版社，2001.

98 寿字纹

藏传佛教人物
西藏拉萨大昭寺壁画

　　大昭寺始建于647年，是吐蕃松赞干布迎娶尼泊尔尺尊公主和唐朝文成公主之后的主要建筑之一，是藏传佛教的重地、圣城拉萨的象征。大昭寺四周走廊和殿堂四壁布满壁画，绘有佛教故事、历史人物、政治大事、民间传说以及雪域风情等，堪称藏地文化的百科全书，其中佛、菩萨与各类人物服饰上均有灿烂的纹样。此纹样取自僧侣身上的袈裟，为红色地上，用金色表现纹样。纹样一为"寿"字，二为十字线条构成的团花，二者相间排列，构成满地纹样。

本页文物图为拉萨大昭寺壁画现场拍摄。

99 如意棋格

藏传佛教人物

西藏拉萨大昭寺壁画

　　大昭寺是藏传佛教的重地，圣城拉萨的象征，其四周走廊和殿堂四壁布满壁画，绘有佛教故事、历史人物、政治大事、民间传说以及雪域风情等，堪称藏地文化的百科全书。此纹样取自某僧侣身上所披袈裟，红色地上绘金色的四合如意纹样，内填正方形棋格，四方连续，严谨规整。

　　本页文物图为拉萨大昭寺壁画现场拍摄。

100 珠地团窠

藏传佛教人物

西藏拉萨大昭寺壁画

　　大昭寺是藏传佛教的重地，圣城拉萨的象征，其四周走廊和殿堂四壁布满壁画，绘有佛教故事、历史人物、政治大事、民间传说以及雪域风情等，堪称藏地文化的百科全书。此纹样取自菩萨身上的披帛，蓝绿色地上，满布金色小圆圈的底纹，主纹为大的团窠，窠内填交叉格线。纹样醒目，风格简洁。

本页文物图为拉萨大昭寺壁画现场拍摄。

101 卍字纹

藏传佛教人物

西藏拉萨大昭寺壁画

　　大昭寺是藏传佛教的重地，圣城拉萨的象征，其四周走廊和殿堂四壁布满壁画，绘有佛教故事、历史人物、政治大事、民间传说以及雪域风情等，堪称藏地文化的百科全书。此纹样以佛教中常见的卍字为主纹，是释迦牟尼佛胸前瑞像，象征佛光普照、万德庄严。纹样以宝蓝与金色互为花地，构成方格卍字，结构严谨，风格庄重。

本页文物图为拉萨大昭寺壁画现场拍摄。

102 菱格朵花

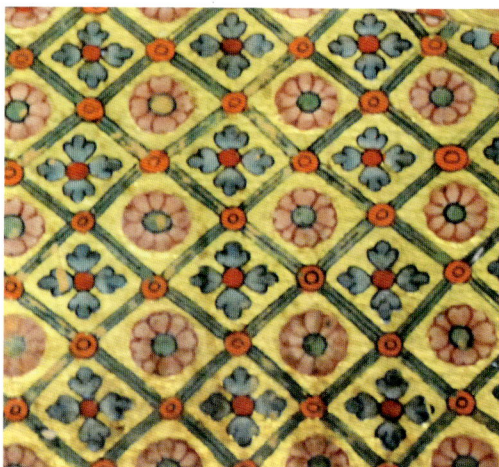

藏传佛教人物

西藏拉萨大昭寺壁画

　　大昭寺是藏传佛教的重地，圣城拉萨的象征，其四周走廊和殿堂四壁布满壁画，绘有佛教故事、历史人物、政治大事、民间传说以及雪域风情等，堪称藏地文化的百科全书。此纹样取自一腰鼓的外围装饰，可以理解为织物包覆，以菱格为骨架，内填蓝色十字小花和粉色装饰性小花，底色为黄色。纹样色彩对比强烈，风格活泼跳跃，极具装饰之美。

本页文物图为拉萨市大昭寺壁画现场拍摄。

水陆画
与唐卡

103 团窠瑞花

明：太阳木星火星金星水星土星真君

山西省博物馆藏，宝宁寺水陆画

　　山西宝宁寺明代水陆画共136轴，为完整一堂。相传为明天顺年间（1457—1464）敕赐给山西右玉县宝宁寺，供举办水陆法会时张挂。画中汇集佛、道、儒三教中佛、神、人、鬼等众共九百余身，人物服饰多保留宋元风格。此纹样选自其中"太阳木星火星金星水星土星真君"一组人物中金星女仙的头巾，以橙黄色、蓝色、白色为主要色调。底纹俗称"铜钱纹"，主纹为团窠瑞花。纹样四方连续，满地排列。

山西省博物馆.宝宁寺明代水陆画.北京：文物出版社，1988.

106 团窠瑞花

明：五湖百川诸龙神等众

山西省博物馆藏，宝宁寺水陆画

　　山西宝宁寺明代水陆画共136轴，画中汇集佛、道、儒三教中佛、神、人、鬼等众共九百余身，服饰资料极为丰富。此纹样选自"五湖百川诸龙神等众"一轴中"伞盖"部分垂下的织物。该纹样以六角星纹为底纹，主花为团花纹样，团窠内填以同心圆为中心的花卉纹样。色彩为红黄两色，风格简洁素雅。纹样四方连续，满地排列。

山西省博物馆.宝宁寺明代水陆画.北京：文物出版社，1988.

107 龟背纹

明：往古道士升霞烧丹未明众

山西省博物馆藏，宝宁寺水陆画

　　山西宝宁寺明代水陆画共136轴，画中汇集佛、道、儒三教中佛、神、人、鬼等众共九百余身，服饰资料极为丰富。纹样选自"往古道士升霞烧丹未明众"轴中一道士所穿裙裳。该纹样为三个大小不一的龟背纹重叠而成，以深褐色、淡黄色、浅灰色为主色调。龟背纹六个转角处缀有深褐色圆点。四方连续，满地排列。龟背纹是我国古代常见的装饰纹样，此纹样为其变化的几何纹样。

山西省博物馆.宝宁寺明代水陆画.北京：文物出版社，1988.

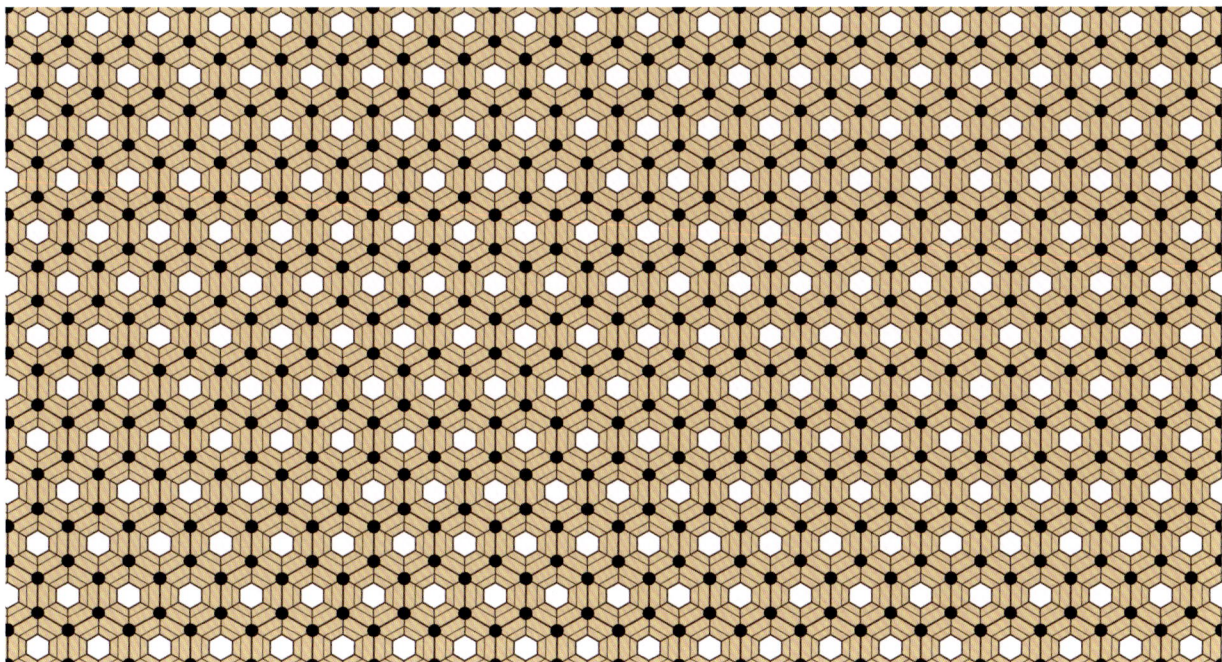

108 几何团花

明：北斗七元左辅右弼众

山西省博物馆藏，宝宁寺水陆画

　　山西宝宁寺明代水陆画共136轴，画中汇集佛、道、儒三教中佛、神、人、鬼等众共九百余身，服饰资料极为丰富。此纹样选自"北斗七元左辅右弼众"一轴中一位星君的袍服。底色为褐色，纹样用淡黄色线描呈现。底纹为线条交叉而成的方格，主纹由两部分组成，一为大型花窠，由八个如意形花瓣组成；一为小型花窠。两主纹以一定规律相间排列。纹样四方连续，满地平铺，风格稳重中见优雅。

山西省博物馆. 宝宁寺明代水陆画. 北京：文物出版社，1988.

109 水波团花

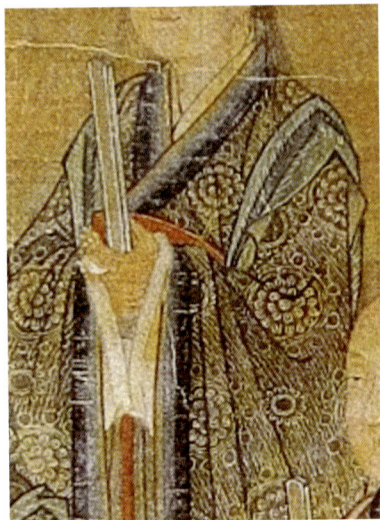

明：北斗七元左辅右弼众

山西省博物馆藏，宝宁寺水陆画

　　山西宝宁寺明代水陆画共 136 轴，画中汇集佛、道、儒三教中佛、神、人、鬼等众共九百余身，服饰资料极为丰富。纹样选自"北斗七元左辅右弼众"一轴中七位北斗星君之一所穿的袍服。底纹为淡黄色水波纹，两种主题纹样均为花窠，其一为大花窠，八瓣团花外环绕十二个联珠；其二为小花窠。大小花窠相互交错，四方连续，满地排列。在水波纹底上表现团花，意境类似于"流水落花"，在明清装饰纹样中较为常见。

山西省博物馆.宝宁寺明代水陆画.北京：文物出版社，1988.

116 折枝花卉

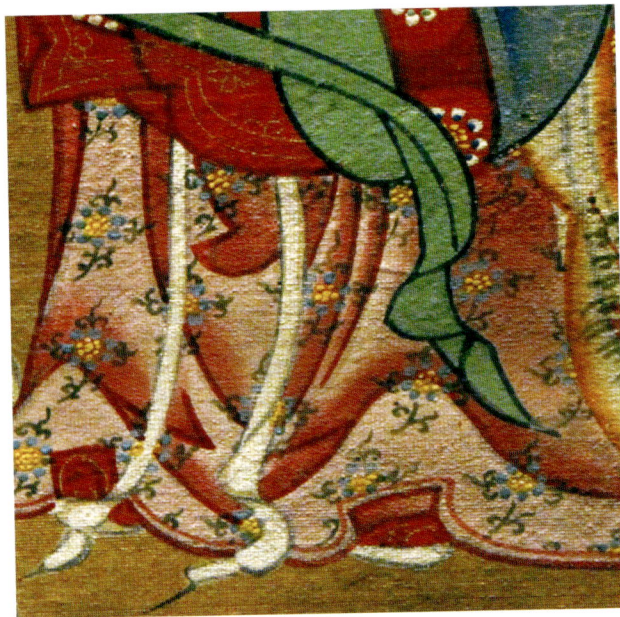

明:《斗母天并诸天众像》

北京首都博物馆藏水陆画

　　此图为首都博物馆藏水陆画《斗母天并诸天众像》，纹样取自其中"吉祥天女"身后举幡侍女所穿的裙子，以粉红色为地，折枝花卉有黄色花蕊、蓝色花瓣并加暗绿色花叶，并非写生花而更偏装饰性，风格清新自然。纹样四方连续，清地排列。

北京市文物局.北京文物精粹大系·佛造像（下）.北京：北京出版社，2004.

117 缠枝莲花

明:《天妃圣母碧霞元君像》

北京首都博物馆藏水陆画

　　此图为明代水陆画《天妃圣母碧霞元君像》,可能出自北京地区。纹样取自画面中一女仙所穿袍服的袖口,应为缠枝莲花纹。莲花无花蕊,以花瓣代替,由蓝色、白色、红色组成,呈盛开状。四周有缠枝纹环绕,缠枝纹由黄色、黑色、绿色组成。纹样二方连续,满地铺排,色彩鲜明,风格华丽。

北京市文物局.北京文物精粹大系・佛造像(下).北京:北京出版社,2004.

118 冰片牡丹

清：《马元帅像》

北京首都博物馆藏水陆画

　　《马元帅像》为首都博物馆所藏清代水陆画，纹样取自马元帅所穿禅裙的边饰。马元帅即灵官马元帅、华光大帝，生有三眼，传说曾三次投胎显灵，后为真武大帝的部将。纹样主题为折枝牡丹纹，风格写实，底纹为冰裂纹。在色彩配置上，底纹的冷色调与主纹的暖色调形成对比，花地分明。纹样四方连续，满地排列。

北京市文物局. 北京文物精粹大系 · 佛造像（下）. 北京：北京出版社，2004.

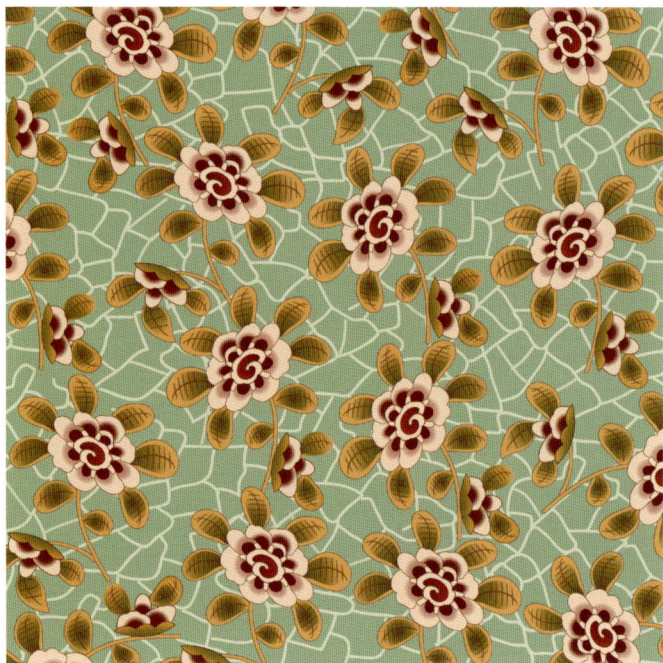

119 团 花

清:《马元帅像》

北京首都博物馆藏水陆画

此图为首都博物馆收藏的清代水陆画《马元帅像》，纹样选自马元帅所穿的绣衫上，为团花纹样。团花由涡卷状水波与两朵椭圆形菊花构成，交错排列，间隙以三叶形充填。色彩以红色为地，以淡黄色线描表现纹样，四方连续，风格优雅明快。在明清纹样中，此类团花较为少见。

北京市文物局. 北京文物精粹大系 · 佛造像（下）. 北京：北京出版社，2004.

120 菱格小花

明:《水府雷神五方行雨龙王像》

北京首都博物馆藏水陆画

　　此为首都博物馆藏水陆画《水府雷神五方行雨龙王像》，纹样取自其中"电母"所穿裙子，为线条组成的菱形网格内，填以联珠与同心圆构成的单元。纹样整体简约大方，色彩以粉色、淡黄色为主，蓝色、红色为点缀；四方连续，满地排列。

北京市文物局.北京文物精粹大系 · 佛造像（下）.北京：北京出版社，2004.

121 团窠云鹤

清：《水府雷神五方行雨龙王像》

北京首都博物馆藏水陆画

　　此图为首都博物馆藏水陆画《水府雷神五方行雨龙王像》，纹样取自图中"雷公"所穿袍服，类似于明代官服补子纹样。补子一般缀于官服的前后胸背，是区分人物身份级别的标志。这幅水陆画中，人物身穿绿袍，胸前有一团窠，内有五彩祥云和一只白鹤，做展翅欲飞状。此为圆形适合纹样，色彩丰富，主题鲜明。

北京市文物局.北京文物精粹大系 · 佛造像（下）.北京：北京出版社，2004.

122 折枝莲花

清：《水府雷神五方行雨龙王像》

北京首都博物馆藏水陆画

此图为首都博物馆藏水陆画之《水府雷神五方行雨龙王像》，纹样选自图中"开路令官"上身所穿袍服，红色为地，以黄色线描呈现纹样。主题为折枝莲花，花头朝向不同方向。莲花外围有纤细灵动的线条，似叶非叶。纹样意境优美，风格清新；四方连续，清地排列。

北京市文物局．北京文物精粹大系·佛造像（下）．北京：北京出版社，2004.

123 折枝牡丹

清：《阴间主病鬼王五瘟使者像》

北京首都博物馆藏水陆画

　　此为首都博物馆藏水陆画之《阴间主病鬼王五瘟使者像》，纹样选自图中一背囊瘟神所穿袍服的肩膀部分。纹样以不规则的水波纹为底纹，主纹为一朵盛开的牡丹花，周边配上绿叶。花瓣色彩鲜艳，从红到白渐变过渡，花红叶绿，喜庆热闹。纹样以橘红色为地，色彩明亮，花型饱满；四方连续，满地排列。

北京市文物局. 北京文物精粹大系・佛造像（下）. 北京：北京出版社，2004.

124 如意窠

清:《十八臂准提菩萨像》

北京首都博物馆藏水陆画

　　此为首都博物馆藏《十八臂准提菩萨像》，图中描绘了准提菩萨中间两臂双十合掌，坐于莲花座上，其余十六臂持剑、斧、瓶等法器，身后绘五彩大背光。上部绘有祥云、华盖及手持笏板的二净居天人。画面下端有水花波浪，并有难陀及拔难陀二龙王手扶莲花，托举莲座。此图色彩明亮，画工精细。纹样选自准提菩萨所穿衣服，纹样单元为圆点线条构成的如意团窠，中间为同心圆，四个半圆中也绘圆弧。底纹为绿色，纹样为黄色，结构简单，色彩明亮。纹样四方连续，清地排列。

北京市文物局.北京文物精粹大系・佛造像（下）.北京：北京出版社，2004.

125 联珠团花

清:《南无贤善首菩萨像》

北京首都博物馆藏水陆画

　　此图为首都博物馆藏水陆画之《南无贤善首菩萨像》,纹样选自图中贤善首菩萨所穿袈裟,以蓝色为底色,以黄色线描表现纹样。纹样单元为联珠团花,圆内为四个涡卷环绕两个同心圆,中心为圆点,圆外为联珠环绕。纹样四方连续,清地排列。

北京市文物局. 北京文物精粹大系 · 佛造像(下). 北京:北京出版社,2004.

126 樗蒲纹

清:《南无贤善首菩萨像》

北京首都博物馆藏水陆画

　　此图为首都博物馆藏水陆画之《南无贤善首菩萨像》，纹样选自图中贤善首菩萨所穿偏衫，以绿色为底色，黄色线条呈现纹样，纹样单元外轮廓呈杏仁形，内容似卷云纹，又似卷草纹，这种窠形一般称为樗蒲纹。樗蒲是古代木头斫成的掷具，两头圆锐，中间平广，像压扁的杏仁，故名。纹样四方连续，清地排列。

北京市文物局. 北京文物精粹大系 · 佛造像（下）. 北京：北京出版社，2004.

127 锁连环

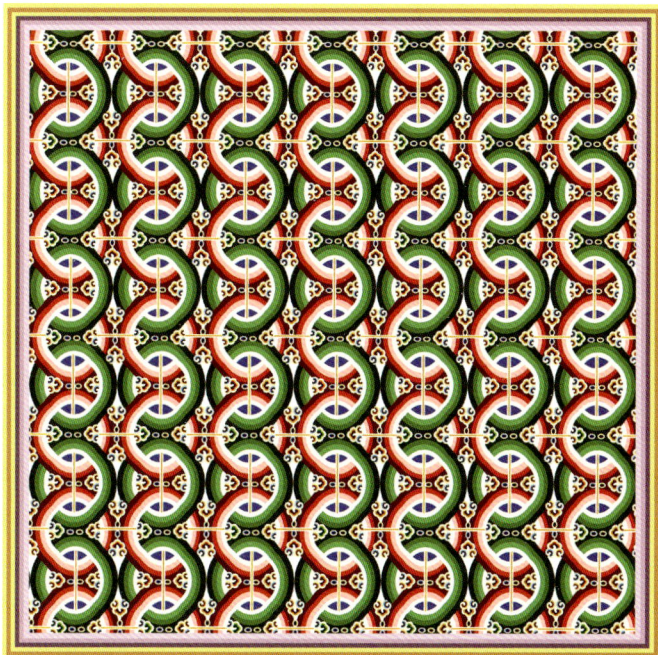

清:《监坛赵元帅像》

北京首都博物馆藏水陆画

　　此图为首都博物馆藏水陆画之《监坛赵元帅像》，纹样选自监坛赵元帅衣服上的围腰部分。该纹样的主题是锁连环，即红色和绿色两种椭圆形环，互相套穿链接，空余处填以如意云纹，云纹由红、黄、蓝三色组成。纹样四方连续，满地排列，色彩靓丽，结构严谨，风格规整中显活泼。

北京市文物局.北京文物精粹大系·佛造像（下）.北京：北京出版社，2004.

128 云纹柿蒂

清：《诸天圣众像》

北京首都博物馆藏水陆画

此图为首都博物馆藏水陆画之《诸天圣众像》，纹样取自图中持扇侍女所穿抱肚。底纹为几何化云纹，主题纹样为柿蒂形团窠，内填五朵几何花卉纹。色彩以红色为底色，黄色线条表现纹样；四方连续，满地排列。

北京市文物局. 北京文物精粹大系 · 佛造像（下）. 北京：北京出版社，2004.

129 缠枝莲蓬

明：《阿弥陀佛像》

北京首都博物馆藏水陆画

　　此图为首都博物馆藏明代水陆画《阿弥陀佛像》，纹样取自图中佛所穿僧祇支的衣领边饰。主题纹样为莲蓬纹，莲蓬四周描绘枝叶，以蓝灰色为地，纹样为线描并填黄色。莲蓬进行几何化处理，色彩明度低，配色典雅，风格大方。纹样二方连续，满地排列。

北京市文物局．北京文物精粹大系·佛造像（下）．北京：北京出版社，2004.

130 天华锦纹

明：无款识水陆画

江西

　　此图为长江中游之江西地区保存的明代水陆画，纸本彩绘，无款识。纹样取自画面人物所穿的裙子。纹样以圆点双线和六瓣花窠构成较大的菱形骨架，在骨架内相间隔地填以龟背纹和花卉纹，构成满地规矩纹中填花的天华锦纹形式。底色为褐色，淡黄色线条呈现纹样。纹样变化中有统一，素雅中见华美。四方连续，满地排列。

张同标，胡彬彬，蒋新杰.长江中游水陆画.长沙：湖南大学出版社，2011.

131 菱格花卉

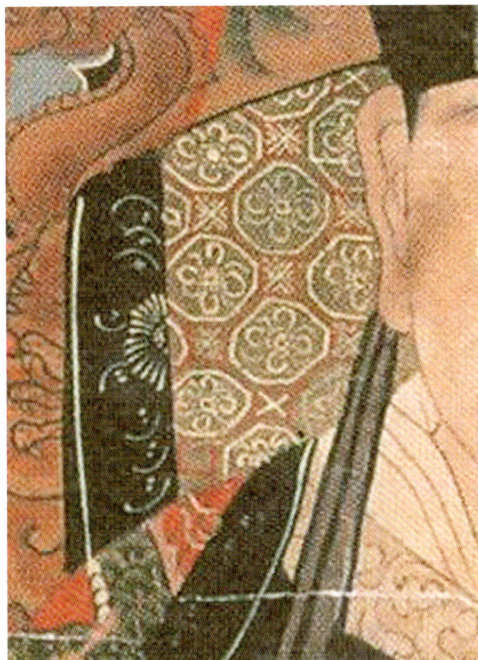

清：无款识水陆画

湖南

　　此图为长江中游之湖南地区保存的清代水陆画，纸本彩绘，无款识。纹样取自画面上部的椅披。纹样以八角形和小正方形为骨架，八角形内填变形的菊花纹样，正方形内则填以十字交叉纹样，暗红底色上黄色显花；四方连续，满地排列。

张同标，胡彬彬，蒋新杰. 长江中游水陆画. 长沙：湖南大学出版社，2011.

132 几何朵花

清:《释迦圣像》

湖南

　　此图为长江中游之湖南地区保存的清代水陆画,纸本彩绘。画面底部写有"释迦圣像一轴"字样。纹样取自图中释迦圣像的上衣。该纹样由五个几何单元组成:一个是黑色小圆圈;一个是黑色十字交叉纹样;一个是红色的圆形纹样,中间为十字;一个是八瓣形小朵花;一个是黄色圆点外加一圈联珠纹。这五个纹样单元合在一起组成简单朴素的纹样,散点分布,四方连续。风格自由活泼、清新可爱。

张同标,胡彬彬,蒋新杰.长江中游水陆画.长沙:湖南大学出版社,2011.

133 折枝花卉

清：无款识水陆画

湖南

　　此图为长江中游之湖南地区保存的清代水陆画，纸本彩绘。纹样取自画面正中主要人物身下坐垫及左侧一老者衣服。纹样主题为折枝花卉，红色花朵上有晕色效果，上下各有一个花蕾，绿色茎叶，线条纤细、卷曲。纹样以墨绿色为地，四方连续排列，清地布局；花地分明，典雅精美。

张同标，胡彬彬，蒋新杰. 长江中游水陆画. 长沙：湖南大学出版社，2011.

134 菱格瑞花

清：无款识水陆画

湖南

此图为长江中游之湖南地区保存的清代水陆画，纸本彩绘。所选纹样位于人物的坐垫上，以白色为地，黄色菱格为骨架，内填圆角菱形小花。圆角菱形为褐色，小花为红底粉色，花瓣呈放射状。纹样四方连续，满地排列，规整中又显活泼。坐垫四周有边饰，饰"寿"字与花叶纹样，二方连续。

张同标，胡彬彬，蒋新杰.长江中游水陆画.长沙：湖南大学出版社，2011.

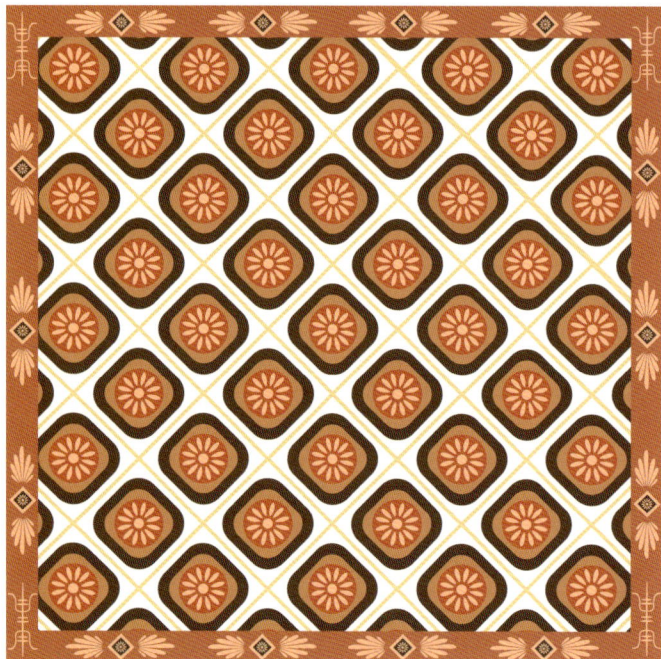

135 团窠瑞花

清：《普贤菩萨坐像》

湖南

　　此图为长江中游之湖南地区保存的清代水陆画，纸本彩绘。图中菩萨坐于莲花宝座上，座前有武士和白象卫护，可能为普贤菩萨坐像。纹样取自菩萨的外衣，为红地团窠瑞花纹样。组成团窠的是正面盛开的花卉与同心圆，但圆的最外围由一圈尖头朝外的锯齿纹组成，别具一格。花地色彩接近，有一种若隐若现的感觉，使团花尖锐的锯齿变得不太明显。纹样四方连续，清地排列。

张同标，胡彬彬，蒋新杰．长江中游水陆画．长沙：湖南大学出版社，2011.

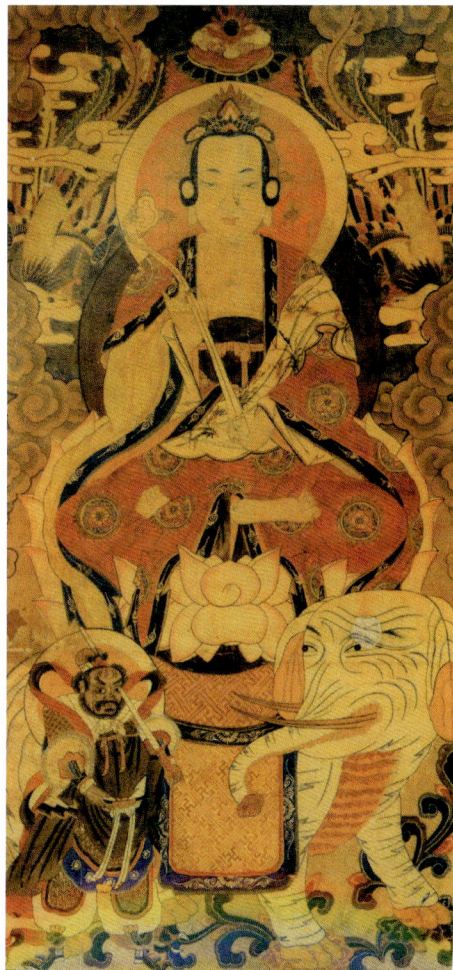

136 龟背菱纹

清：无款识水陆画

浙江桐乡市博物馆藏

　　此图为江南地区的清代水陆画，19世纪浙江民间画工所作，无款识。画中人物众多，装束各异，色彩鲜艳，纹样丰富多彩。此纹样取自一武将人物所着抱肚，为龟背六边形与菱形重叠的几何纹样。以六边形为骨架，取中心一点划分为三个菱格，再填入红、褐、绿三色田字形纹样，严谨又不失活泼，给人以愉悦的感受。

范方明.桐乡市馆藏水陆道场画集.杭州：西泠印社，2010.

137 龟背朵花

清：无款识水陆画

浙江桐乡市博物馆藏

　　此图与前述浙江桐乡市博物馆所藏为同一幅水陆画，纹样选自一位持剑武士的抱肚，为几何花卉。纹样骨架为六边形龟背，中心填一朵装饰性花卉，在六边形的每个角上各缀一个小型龟背，将六边形作几何切割。纹样规整，而中心小花则提供视点的稳定，使其严谨而不失优美；配色淡雅，四方连续，满地排列。

范方明. 桐乡市馆藏水陆道场画集. 杭州：西泠印社，2010.

138 水波纹

清：无款识水陆画

浙江桐乡市博物馆藏

　　此图为江南地区的水陆画，主题未知，应为19世纪浙江桐乡地区的民间画工所作。图中人物众多，装束各异，色彩鲜艳，纹样丰富多彩。纹样选自一白须老者身上所穿的裙裳。老者戴冠，上衣下裳，系方心曲领，披红色披帛，双手持笏板。裙裳纹样为简洁雅致的水波纹，水波呈扇形交叠，配色淡雅，清新可爱；四方连续，满地排列。

范方明.桐乡市馆藏水陆道场画集.杭州：西泠印社，2010.

139 涡卷纹

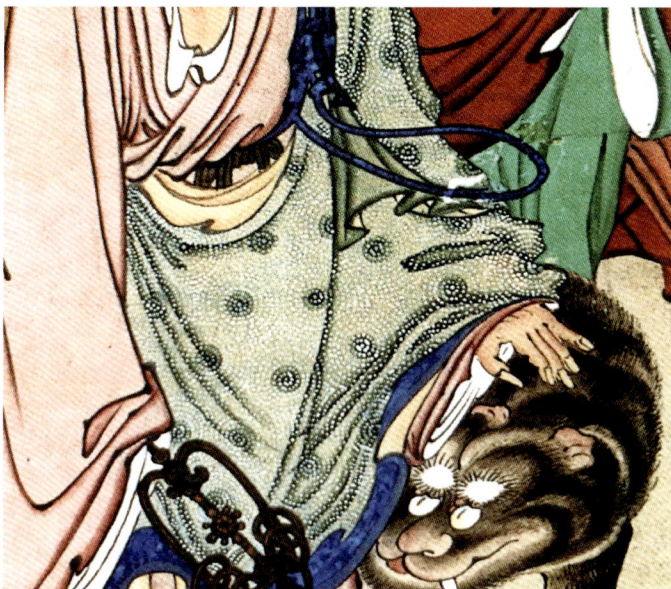

清：《罗汉图》

浙江桐乡市博物馆藏

　　此图为江南地区的水陆画，绘神态各异的罗汉僧众，应为19世纪浙江桐乡地区的民间画工所作。众罗汉装束与相貌不同，色彩鲜艳，纹样丰富多彩。此纹样取自一老者身上所披袈裟，以淡雅的灰绿色为地，用白色圆点连续排列，构成一个个涡卷，涡卷中心为深绿色，再向外晕开，逐渐变淡。纹样给人以优美的运动感，尽管构成元素简单，却形成了很好的视觉效果；四方连续，满地排列。

范方明．桐乡市馆藏水陆道场画集．杭州：西泠印社，2010.

140 花草纹

清:《释迦牟尼佛》(绣像)

北京故宫博物院藏

    这幅《释迦牟尼佛》绣像是唐卡的刺绣形式,为清宫旧藏,绣作时间为18世纪。图中释迦牟尼佛端坐在莲花宝座上,纹样取自佛像的袈裟,以红色为地,似用金线绣出花卉纹样。花卉为俯视的六瓣朵花,并向三个方向伸展出曲线的花枝,构成一个纹样单元。纹样四方连续,满地排列。红金的色彩配置,具有鲜明的西藏装饰风格。

王家鹏.故宫唐卡图典.北京:紫禁城出版社,2011.

141 云纹菊花

清:《释迦牟尼佛》
北京故宫博物院藏

　　此唐卡绘释迦牟尼佛居中坐莲花台上，右手触地，现降魔成道相，头后有绿色月轮，身倚六拏具背光。纹样位于世尊所着袈裟，橘红色为地，金黄色呈现花样。纹样主题为类似菊花的折技花卉，三朵花头并在一起并有茎叶支撑，形同伞盖。花卉相间排列，空余地上满铺 C 形云纹。同类纹样在汉地少见，具有鲜明的西藏装饰风格。

王家鹏. 故宫唐卡图典. 北京：紫禁城出版社，2011.

142 缠枝莲花

清:《无量寿佛》

北京故宫博物院藏

　　此唐卡绘无量寿佛。图中人物通身红色,头戴金冠,身饰璎珞,双手结法界定印,托金瓶,结跏趺坐,下承五色莲台。莲台下是供桌,上铺花色锦毯,四周有镶边。纹样取自锦毯的主体部分,为缠枝莲花纹样,莲花作装饰性变形,缠枝则与云纹结合,两者组合在一起似云似叶,端庄优美。纹样以红色为地,金黄色呈现花纹;四方连续,满地排列。

王家鹏.故宫唐卡图典.北京:紫禁城出版社,2011.

143 如意花窠

清：《秘密佛——密集世自在》

北京故宫博物院藏

　　此唐卡描绘秘密佛——密集世自在。图中密集世自在红色身，三面六臂，手中各持法器，上身饰璎珞，围披帛，下身着裙裳，全跏趺坐，下承红色莲花座。纹样取自密集世自在所穿裙裳，以不同的两种如意形花窠为单元，相间排列，清地布局。如意花窠内为装饰性花卉。纹样红黄配色，花地分明，具有鲜明的西藏装饰风格。

王家鹏 . 故宫唐卡图典 . 北京：紫禁城出版社，2011.

144 花卉纹

清:《狮吼观世音菩萨》

北京故宫博物院藏

  这幅图是 18 世纪西藏唐卡,清宫旧藏,描绘的是狮吼观世音菩萨像。菩萨骑坐在白狮上,纹样取自他身上所穿的裙裳。纹样以红色为地,金色描绘,纹样单元是外轮廓为菱形的花卉,花卉的中心是一个硕大的圆点,周围散绘花瓣和枝叶。这些纹样单元相间排列,四方连续,类似于元代丝绸纹样中的搭子,具有严谨、规整之美。

王家鹏.故宫唐卡图典.北京:紫禁城出版社,2011.

145 云 纹

清：《松赞干布》

北京故宫博物院藏

　　此为18世纪西藏绘唐卡，清宫旧藏。松赞干布（617—650）为吐蕃第三十三代藏王，即赞普位，统一吐蕃，被尊为观世音菩萨化身之法王。这幅《松赞干布》像，人物手持花朵坐于椅上，纹样取自他身上的袍服。色彩是典型的红金组合，在红色地上，用金色勾勒云气纹样，这是一种流畅的圆涡形线条组成的图案，有时作为主题纹样的底纹，有时也单独出现，寓意吉祥。双旋的云头有"如意"形和"S"形两种形态。两个云头对接，形成了一个两头向内弯曲的"如意形"结构；两个云头反接，则形成一个优美的倒"S"形。纹样满地铺排，形成卷曲盘旋、生生不息的动态效果。

王家鹏. 故宫唐卡图典. 北京：紫禁城出版社，2011.

146 珠地团窠

清:《贡嘎宁布》

北京故宫博物院藏

　　此为西藏18世纪的唐卡绘本,清宫旧藏,绘贡嘎宁布持花而坐。贡嘎宁布(1092—1158)是藏传佛教萨迦派创始人贡却结布之子,吸收多种显密教法之长,形成一套完整的"道果教授法",被尊为萨迦之祖。纹样选自他身上所披的袈裟,宝蓝地,用金色描绘纹样。纹样以遍布的珠点为底纹,主题纹样为从内到外一圈圈联珠构成的团窠,构成既统一又有变化的纹样,层次分明,节奏明快。联珠团窠曾是唐代经典丝绸纹样,但常在联珠圈内点缀动物。本纹样的团窠由联珠本身构成,团窠中心即为一颗圆珠,从内到外由不同的联珠层层递进,富有层次和变化。

王家鹏. 故宫唐卡图典. 北京:紫禁城出版社,2011.

147 珠地团花

清:《贡嘎宁布》

北京故宫博物院藏

　　如前所述，此唐卡绘藏传佛教萨迦派之祖——贡嘎宁布坐像。纹样选自贡嘎宁布所着袍服，是西藏唐卡中所绘人物服饰上的常见纹样，红地，用金色线条勾勒团花。团花为圆形构图，中间填满七朵较大的花卉，间隙处嵌以小花，纹样整体饱满，视觉效果华丽。每个团花相间排列，底纹铺满圆点。团花也叫"团窠"，是我国历代常用的服饰纹样。唐卡艺术上的这种团花样式更为简洁，用色也更为单纯。

王家鹏. 故宫唐卡图典. 北京：紫禁城出版社，2011.

148 团 花

清:《贡嘎宁布》

北京故宫博物院藏

　　如前所述，此唐卡绘藏传佛教萨迦派之祖——贡嘎宁布坐像。纹样选自他身坐宝座上的软垫，宝蓝地，用金色描绘纹样。纹样单元由圆点和呈放射状的枝蔓构成一个团花，将团花的一半作为纹样单元上下倒错排列，形成二方连续的条带纹样；花地分明，有较强的装饰性。

王家鹏. 故宫唐卡图典. 北京：紫禁城出版社，2011.

149 云纹石榴

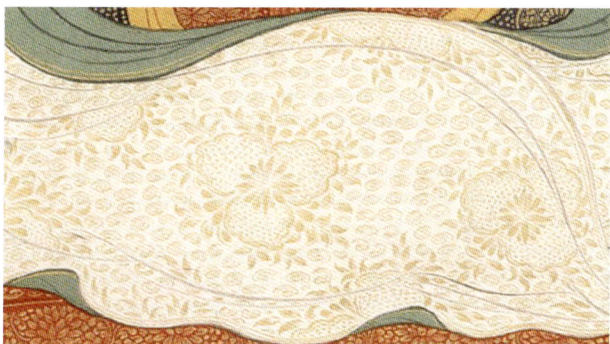

清:《贡嘎宁布》

北京故宫博物院藏

　　如前所述,此唐卡绘藏传佛教萨迦派之祖——贡嘎宁布坐像。纹样选自人物所披的袈裟,以云纹为底纹,其上装饰石榴纹作为主纹。主纹的中心点缀一朵十二瓣花卉,周边由曲线组成三个外壳,花卉与外壳间嵌填圆点,形成石榴子。壳外向六个方向点缀叶片,使得纹样从内到外富有层次。纹样配色淡雅,富有装饰美感;四方连续,满地排列。

王家鹏.故宫唐卡图典.北京:紫禁城出版社,2011.

150 云纹如意窠

清:《贡嘎宁布》

北京故宫博物院藏

　　如前所述，此唐卡绘藏传佛教萨迦派之祖——贡嘎宁布坐像。纹样选自人物僧袍，宝蓝地上，用金色描绘纹样。底纹为常用的云纹，主题纹样为四合如意花窠，内填圆点和花瓣枝叶，使其适合如意形的轮廓线。该纹样结构严谨，装饰性强，底纹与主题呼应，主次分明，是较典型的西藏地区装饰风格。

王家鹏.故宫唐卡图典.北京：紫禁城出版社，2011.

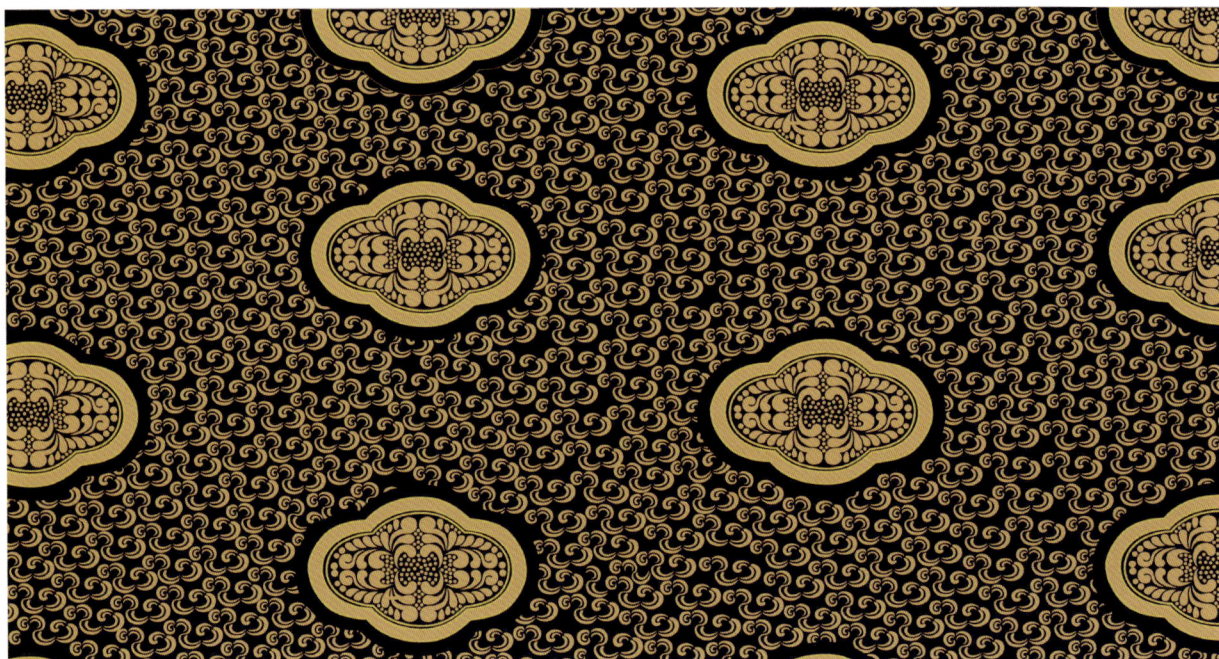

151 珠地花窠

清：《仲敦巴》

北京故宫博物院藏

此图为 18 世纪西藏唐卡，清宫旧藏，绘仲敦巴持花端坐。仲敦·甲哇琼乃（1005—1064）是藏传佛教噶当派的创立者。仲敦巴为居士说法相，长发披肩，穿俗人服饰。纹样选自人物坐具靠背的软垫，宝蓝色地上，以金色描绘花窠纹样。一个纹样单元的花窠外形似一朵雪花，里层由四朵菊花组成，外围向八个方向绘放射状枝叶。花窠之间则满铺圆点，组成圆点上的花窠纹样。

王家鹏. 故宫唐卡图典. 北京：紫禁城出版社，2011.

152 棋格卍字

清：《云丹嘉措》

北京故宫博物院藏

　　此图为 18 世纪西藏地区唐卡，清宫旧藏，绘云丹嘉措坐像。四世达赖云丹嘉措（1589—1616）是历代达赖喇嘛中唯一的蒙古族人，1616 年明万历帝赐予他"普持金刚佛"的封号。纹样取自人物所坐靠的软垫上的织物。宝蓝为地，以金色描绘纹样。纹样为一个个类似汉字"田"的构图，中间交叉处断开，其实应为卍字的变体；四方连续，满地铺排，简洁规整，风格优美。边缘纹样为串珠纹，二方连续。

王家鹏.故宫唐卡图典.北京：紫禁城出版社，2011.

153 棋格花卉

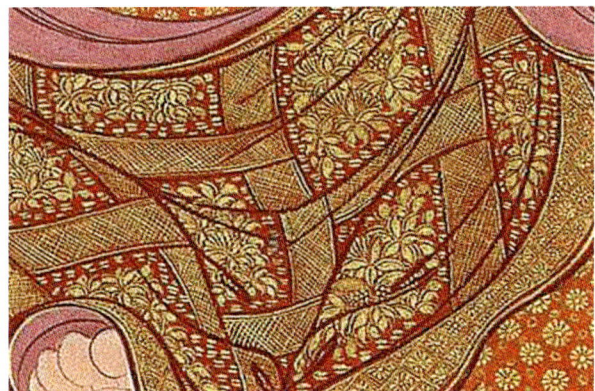

清:《提婆》

北京故宫博物院藏

　　此图为18世纪西藏唐卡,清宫旧藏,绘提婆坐像。提婆意为"圣天",龙树大师弟子之一,是大乘佛教中观派的继承者和发展者。纹样取自提婆所披袈裟。袈裟的纹样由宽边的条纹分割成独立单元,可能是对袈裟原本是切割为方块后再缝合的布帛的模仿。每一块长方形内绘五朵六瓣形花卉,四周作装饰性边饰。袈裟为红色地上起金色花卉,结构严谨,风格华丽。

王家鹏. 故宫唐卡图典. 北京:紫禁城出版社,2011.

154 团 花

清:《阿跋迦罗》

北京故宫博物院藏

　　阿跋迦罗是印度八十四大成就者之一，戴萨迦派班达智帽，身披袈裟，有巨蟒缠绕，坐于金刚宝座上，为众人说法。纹样位于阿跋迦罗穿在袈裟里面的裙裳，为团花纹。纹样单元为一朵正面盛开的花卉，外周再绕一圈花瓣状曲线；四方连续，满地铺展。色彩为暗红地上金色起花，从配色到花型具有鲜明的西藏装饰风格。

王家鹏.故宫唐卡图典.北京：紫禁城出版社，2011.

155 水波莲花

清：《巴那塔嘎尊者》

北京故宫博物院藏

　　这幅唐卡是18世纪的作品，为清宫旧藏。作品描绘巴那塔嘎尊者坐于莲花宝座上，有五个形象较小的僧侣环坐。本纹样取自左侧第一人身上的袈裟，以圆圈状的底纹表现水，其上点缀莲花纹样。莲花寓意出淤泥而不染的高洁品质，在佛教中莲花是佛国净土的象征。纹样以红色为底，用金色表现花纹，具有鲜明的西藏装饰特色。

王家鹏.故宫唐卡图典.北京：紫禁城出版社，2011.

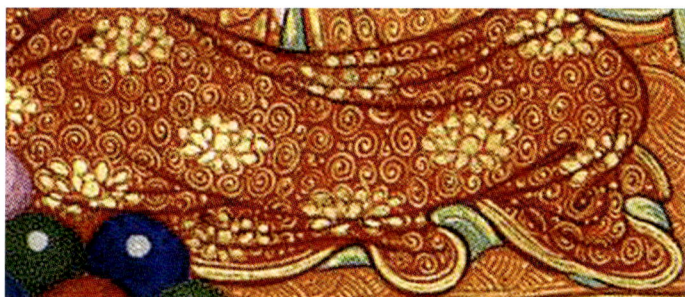

156 折枝茶花

清:《功行根本品护法神像》

北京故宫博物院藏

　　此图为18世纪西藏地区唐卡,清宫旧藏,绘"功行根本品护法神"。图中护法神骑在马上,纹样取自他身上的围腰。该纹样以茶花为母题,以白色为底色,花红叶绿,表现折技茶花。图中织物四周有缘边,环以五彩云纹。折枝茶花或为角隅纹样,现做四方连续修改,使纹样更为完整。在白色的底色上,盛开一株株丰腴婆娑的折枝茶花,显得格外生动活泼。

王家鹏.故宫唐卡图典.北京:紫禁城出版社,2011.

157 缠枝莲花

17 世纪:《罗汉》

尚仕雅集藏

　　此为 17 世纪棉布上以矿物胶彩描绘的唐卡《罗汉》。罗汉即"阿罗汉",是小乘佛教修行的最高果位。此罗汉身披袈裟,盘脚坐在尼师坛上。纹样取自罗汉所坐的尼师坛的主体装饰,为缠枝莲花纹。红粉两色莲花交错排列,花朵形态饱满,外周环绕一圈花枝,枝叶上点缀小型花朵,风格华丽,明显具有汉地装饰艺术的特征。

本页文物图为北京首都博物馆"莲花世界——唐卡艺术展"现场拍摄。

158 牡丹纹

清：《阿底峡像》

私人收藏

　　这幅唐卡是 19 世纪作品，在棉布上用矿物胶彩描绘了盘腿坐在莲花宝座上的阿底峡。阿底峡（982—1054）为古印度僧人，也是藏传佛教噶当派祖师。唐卡中的阿底峡身着僧衣，头戴僧帽，双手当胸结就法印，结跏趺坐于莲花宝座中央，身后有圆形宝光。纹样选自阿底峡所坐宝座上的椅披，以大红色为底，金色描绘，主题似为牡丹花卉，花瓣、花蕊刻画精细，叶子经过简化处理，四方连续，清地排列，几何纹样散点分布其中。

本页文物图为北京首都博物馆"莲花世界——唐卡艺术展"现场拍摄。

风俗绘本

159 流水落花

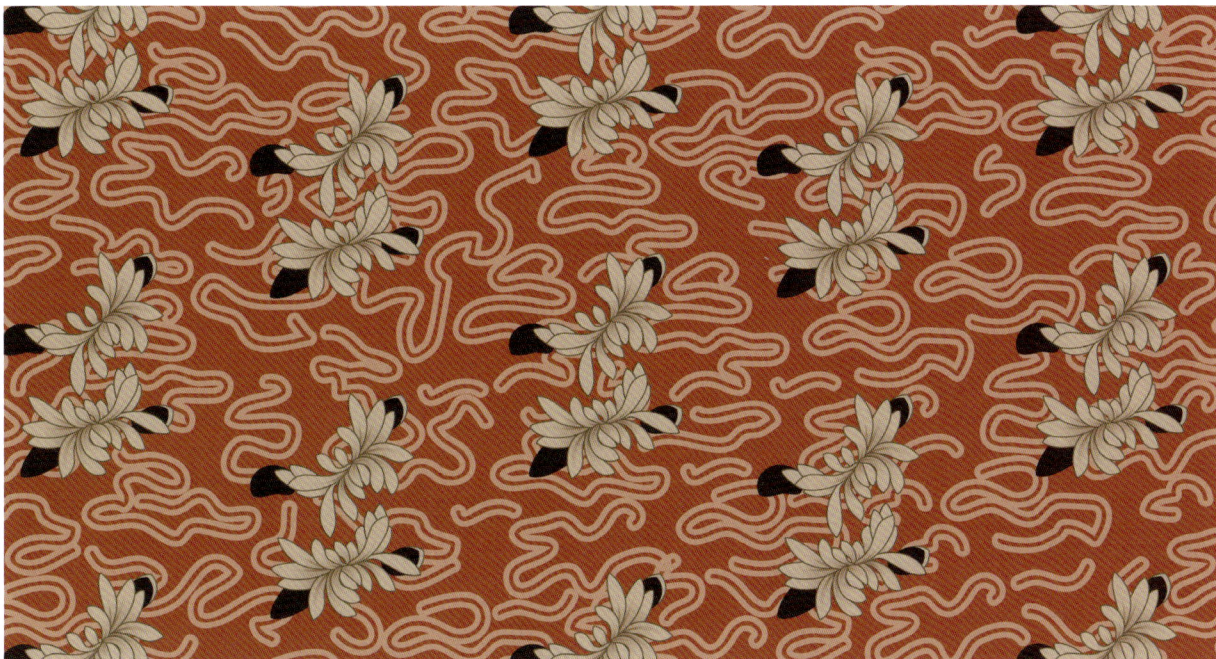

清：《一团合和》

海外收藏

　　这幅苏州桃花坞版画，墨版套色敷彩，画面为流行的大阿福形象。浑圆的人像拉一幅手卷，上书各种吉语，是百姓喜闻乐见的一种吉祥构图。此纹样选自大阿福上衣，为明清流行的流水落花纹，以红色为地，以粉红色弯曲线条表示流水，流水之上点缀折枝花卉，以两朵白色花卉组合，并配衬藏青色叶子。此纹样花地分明，意境优美，四方连续，满地排列。

冯骥才.中国木版年画集成 · 桃花坞卷.北京：中华书局，2011.

160 曲水团花

清:《渔娘图》

日本收藏

　　"渔家乐"这种题材在桃花坞年画中并不多见，此图绘一女子手提一篮鱼，身旁一小儿正将钓笼中的鱼虾倒在地上。此图绘刻俱佳，是乾隆时期桃花坞木版年画中的精品与代表作。纹样取自渔娘身上的外衣，蓝与浅蓝两色互为花地，底纹为卍字曲水，主纹为团窠。纹样配色淡雅，结构严谨，是清代流行的织物纹样。

冯骥才. 中国木版年画集成·桃花坞卷. 北京: 中华书局，2011.

161 飞鹤穿花

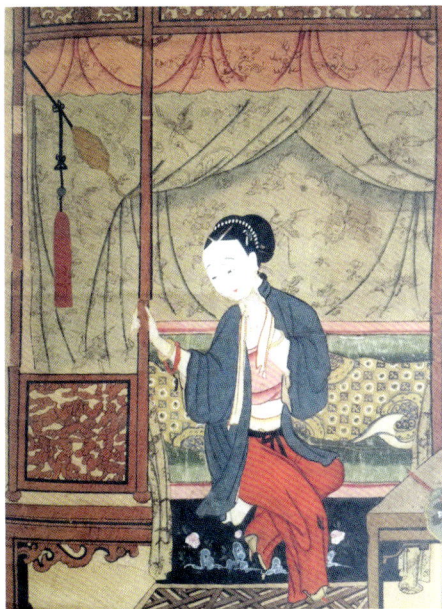

清:《春宵闺怨图》

日本私人收藏

　　此为清中期的一幅苏州版画，收藏于日本。画面描绘一个春夜，一美女独自宽衣解带，准备上床就寝，刻画了美女孤寂的意境。床上的帷帐和锦被上均有精细的纹样，为套版而成，从中可以看出清代中期的床帷结构。纹样选自床帐的主体，为浅灰色地上用精细的线条勾勒纹样的轮廓。纹样主题为飞鹤与花卉，花卉有石榴、牡丹等，鹤的形态相同，但朝向不一。纹样单元呈散点清地排列，四方连续。

冯骥才.中国木版年画集成 · 桃花坞卷.北京：中华书局，2011.

162 团窠花卉

清:《连中三元》

日本海杜美术馆藏

　　此为清中期苏州版画，套版彩绘。画面上一母亲倚在一株果树旁，旁有三个小儿在玩耍。其中一稍长儿童持弓射果实，已射中两枚，将射第三枚，寓意连中三元。此纹样选自射箭儿童所穿红色长袍，为清地团花纹样。纹样以红色为地，团窠内底色为藏青色，几朵椭圆形菊花与花瓣组合作团窠纹样；团窠之间则充填折枝花卉。

冯骥才. 中国木版年画集成 · 桃花坞卷. 北京：中华书局，2011.

163 团花蝙蝠

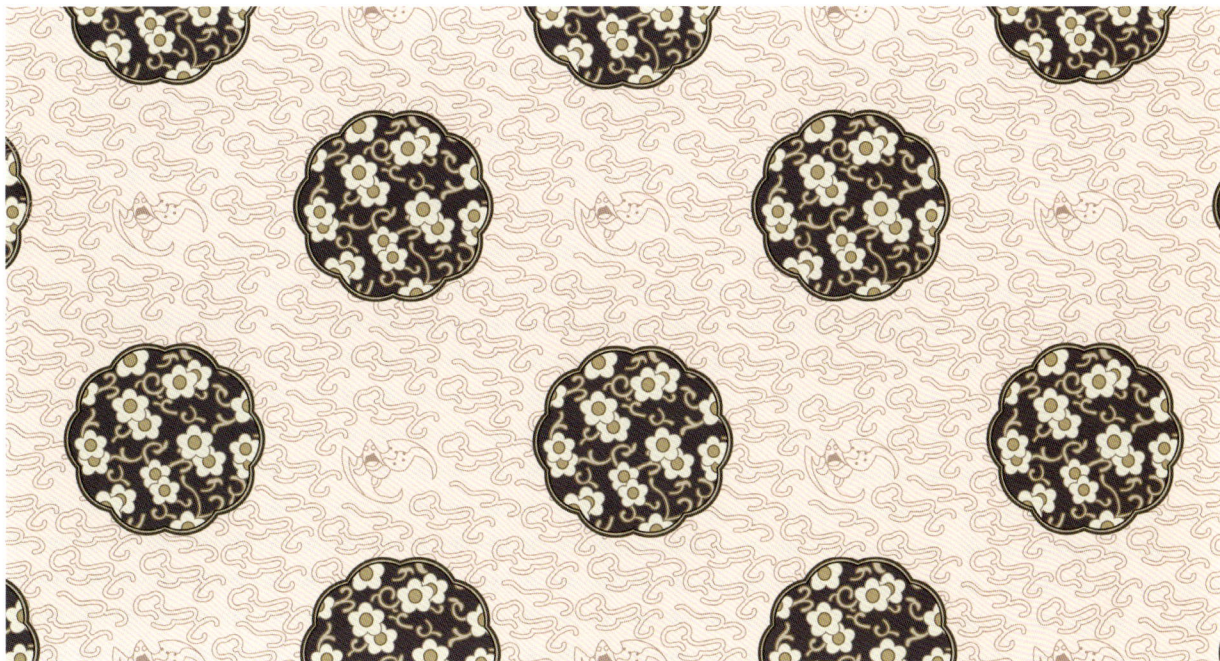

清:《双美赏花图》

日本王舍城美术宝物馆藏

　　此为清中期苏州版画，现藏日本王舍城美术宝物馆。画中描绘一主一仆赏花场景，主人身着粉红交领袍服，下穿湖蓝色裙子，肩披黄色披帛，姿态婀娜，后站一持扇侍女，左下角有一盆盛开的牡丹。纹样选自主人所穿交领袍服，为团花纹，以粉红色为底色，以水波为底纹，水波中嵌线描蝙蝠，主纹为团花纹。团花作花窠形式，窠内蓝色为底，内填白色花卉。纹样意境优美，花地分明。

冯骥才．中国木版年画集成·桃花坞卷．北京：中华书局，2011.

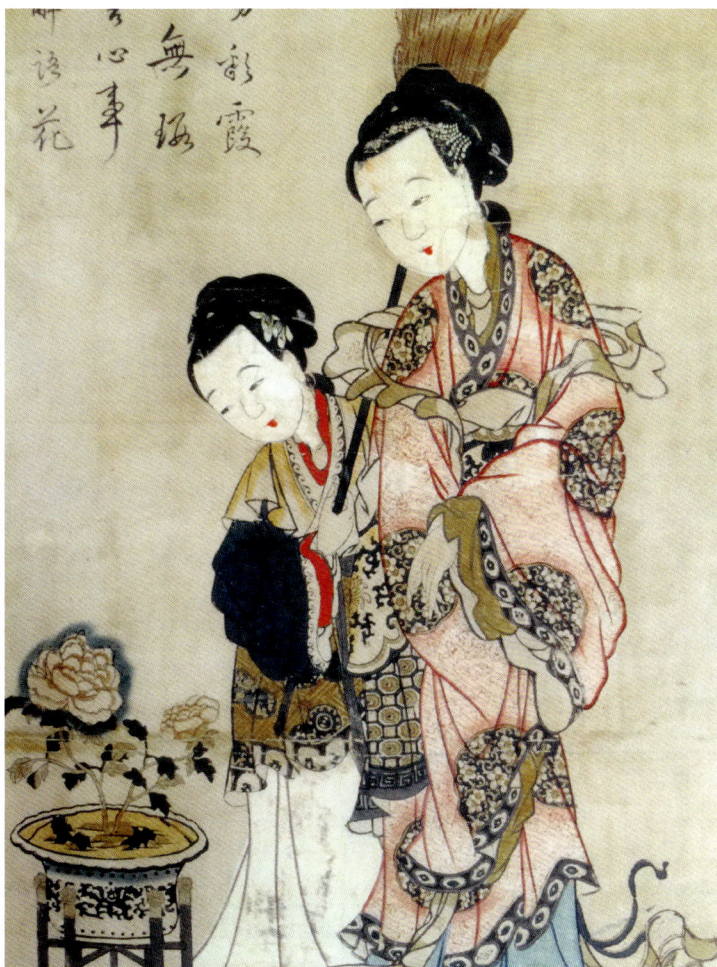

171

164 卍字皮球花

清:《双美图》

日本海杜美术馆藏

　　此图为清中期苏州版画，套版彩绘。画中绘一个春光明媚的日子，两位美女站在门口逗弄一只小狮子狗，悠闲宁静与华丽富贵合而为一，而门框上挂着华丽的门帘，身后是造型新颖的西洋建筑，美女身上的衣纹有阴影表现，显示出清代乾隆时期苏州版画的典型特征。此纹样位于门帘上，以卍字纹为地，上有两两相依的皮球花，其中一皮球花为莲花纹样；风格典雅优美。

冯骥才.中国木版年画集成 · 日本藏品卷.北京：中华书局，2011.

165 缠枝莲菊

清:《婴戏图》

日本收藏

　　此图为中国传统绘画题材——婴戏图，图中三童子正在室内地上嬉戏，一童子手持代表富贵的牡丹，一童子背对观众伸手欲取，一童子在旁观看。纹样选自背对观众孩童所穿之背心，为缠枝莲菊纹样，黑色地上呈现灰蓝色花纹，加上卷曲的叶和枝蔓，构成满地铺展的四方连续纹样。

冯骥才. 中国木版年画集成·日本藏品卷.
北京：中华书局，2011.

166 缠枝梅花

清：《关羽图》

日本私人收藏

　　此为清中期苏州地区的版画，收藏于日本。图中三人，中为关羽，两旁侍立持刀的为周仓和关平，套版技术非常精细。纹样取自关平身上的袍服，浅粉地上是一朵朵正面的梅花，用缠枝连接，形成四方连续纹样，有一点流水落花的构图意境。

冯骥才.中国木版年画集成·桃花坞卷.北京：中华书局，2011.

167 折枝梅花

清：《刺绣闺门画》

上海历史博物馆藏

　　上海小校场年画是晚清时期苏州桃花坞画店为躲避战乱迁到上海而发展起来的，除继承桃花坞的传统风格外，还在一定程度上反映社会现实。这幅画描绘的是江南女性普遍的刺绣场景。一女子在绣架前细心绣花，另两位女子带着童子前来观看，画面洋溢着闺门之乐。纹样取自刺绣女子的上衣，为浅绿底子上褐色表现的折枝梅花纹样。

冯骥才．中国木版年画集成·上海小校场卷．北京：中华书局，2011.

168 竹叶团寿

清:《八仙图》（局部）

谷风堂藏

上海小校场年画是继苏州桃花坞年画之后在上海发展起来的。本图彩色套印，画面描绘了八仙于青山绿水间闲游之景。纹样位于骑驴老者（张果老）所穿的上衣，以灰绿色为地，主题为竹叶与团寿字纹样的组合，团寿字为蓝绿色，竹叶为墨绿色。可能是绘图的关系，纹样较醒目。

冯骥才. 中国木版年画集成·上海小校场卷. 北京：中华书局，2011.

169 墩 兰

清:《花开富贵图》

上海图书馆藏

此图为清末上海小校场彩色套印年画。画面上为两妇两童站立，一童手中捧一盆牡丹，一童作伸手向花状，人物衣服上均有丰富的纹样，题词为"花开富贵"。纹样取自伸手要花儿童的外套，为粉色地上硕大的兰花纹样。此兰花画出根部，有花和叶，朝向不一，应为清代流行的墩兰纹样。纹样四方连续，清地排列。

冯骥才.中国木版年画集成·上海小校场卷.北京：中华书局，2011.

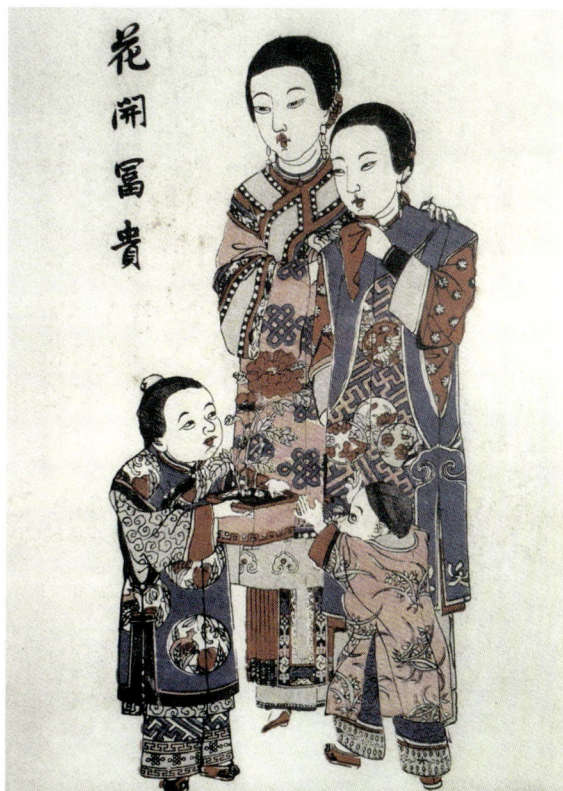

170 团寿纹

清:《竹报平安图》

上海图书馆藏

　　此图为清末上海小校场彩色套印年画。图中绘有两妇两童,一妇手中抱小儿,一妇站立,一小童手捧花瓶,瓶中插万年青,题词为"竹报平安"。纹样取自站立妇女的外衣,为蓝色底色上清地排列硕大的团寿纹样,此为清代常用图案。

冯骥才.中国木版年画集成・上海小校场卷.北京:中华书局,2011.

171 折枝菊花

清:《琵琶有情闺门画》

上海历史博物馆藏

　　此图为清末上海小校场彩色套印年画。此为传统戏曲《琵琶有情》中一场景。一女怀抱琵琶弹唱，一女手抱宠物狗站立，一女坐在椅子上，三位儿童环绕其间。纹样选自抱狗站立的女子上衣，为清代流行的清地大折枝菊花纹样，蓝绿色为地，褐色描绘菊花，单色绘制，并经过简化处理。

冯骥才.中国木版年画集成·上海小校场卷.北京：中华书局，2011.

172 佛手寿桃

清:《琵琶有情闺门画》

上海历史博物馆藏

此图为清末上海小校场彩色套印年画。此为前述传统戏曲《琵琶有情》中一场景。纹样选自抱琵琶弹唱的女子上衣,为清代流行的清地折枝寿桃纹样,粉红色为地,褐色描绘带桃树枝与佛手,寓意长寿多福,单色绘制,并经过简化处理。

冯骥才.中国木版年画集成 · 上海小校场卷.北京:中华书局,2011.

173 清地菊花

清:《吉寿如意图》

日本海杜美术馆藏

　　此为清末天津杨柳青年画。画面似为庆祝男孩周岁的吉祥图。四小童手中分别持磬、戟、如意和团扇，连同母亲头上插的菊花，合在一起表示吉庆如意、团圆长寿。纹样取自举戟儿童的外衣，纹样单元为变形菊花纹样，仅为浅灰地上墨色勾勒纹样轮廓；四方连续，清地排列。

冯骥才. 中国木版年画集成 · 日本藏品卷. 北京: 中华书局，2011.

174 水波团花

清:《麻姑图》

俄罗斯圣彼得堡艾尔米塔什博物馆藏

　　此图为墨版套色敷彩的清代杨柳青年画《麻姑图》,绘麻姑着清代汉女衣裙,鬈上插花,戴云肩,手持灵芝,灵芝中幻化出一束花。纹样取自女子的上衣,为深灰地上黑色表现纹样,底纹为流水纹,其上点缀两种不同的团花,相间排列。

冯骥才.中国木版年画集成·俄罗斯藏品卷.北京:中华书局,2011.

175 蝙蝠捧寿

清:《福禄寿喜图》

私人收藏

　　此图为传统的四川绵竹年画，画面上代表寿、禄、福的三位男神聚集在一处，构图作三角形。其中寿神挂杖，禄神持笏板，福神抱两男童，中间还有一只寓意吉祥的鹿（禄）。纹样取自寿神的上衣，为蝙蝠与团寿的组合，清地排列。这是清代至民国流行的织物纹样，代表福寿两全。

胡光葵.中国传统绵竹年画精选.成都：四川美术出版社，2012.

176 团寿纹

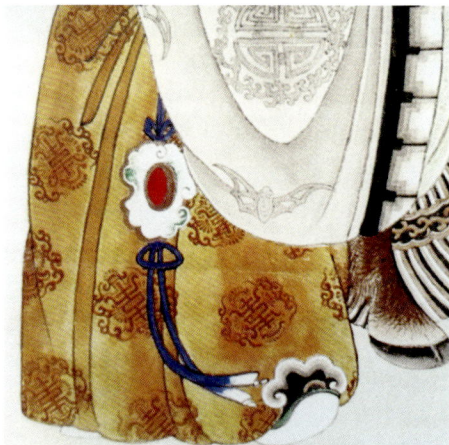

清:《福禄寿喜图》

私人收藏

　　此图为前述四川绵竹年画《福禄寿喜图》，纹样位于寿星所穿的裙裳，以土黄色为地，用较深的褐色表现团寿纹样。其中的寿字做了精彩的字体设计。寿字纹样是我国传统的吉祥纹样，明清时期尤其普遍。纹样四方连续，清地排列。

胡光葵.中国传统绵竹年画精选.成都：四川美术出版社，2012.

177 蝙蝠寿字

清:《福禄寿喜图》

私人收藏

　　此图为四川绵竹年画《福禄寿喜图》,画面人物众多,除了福、禄、寿三星外,还有两位女子和三位儿童,其中两位儿童稍长,一起托着一位幼童。纹样位于站在儿童身后的寿星所穿的围腰,为传统的蝙蝠环绕寿字的题材,意即长寿多福,只是寿字和蝙蝠均做了变形处理。纹样以橘黄色为地,黄灰色表现纹样,配色单纯,花地分明。

胡光葵. 中国传统绵竹年画精选. 成都:四川美术出版社,2012.

178 云纹瑞花

清:《福禄寿喜图》

私人收藏

　　此图即前述四川绵竹年画《福禄寿喜图》，纹样位于图中一位黑衣儿童所穿的裤子，为粉色地上浅粉色显花。纹样以盛开的花卉正面为中心，外环一圈卷曲的"云纹"，构成不太明显的龟背骨架，十分优雅。纹样四方连续，满地排列。

胡光葵 . 中国传统绵竹年画精选 . 成都：四川美术出版社，2012.

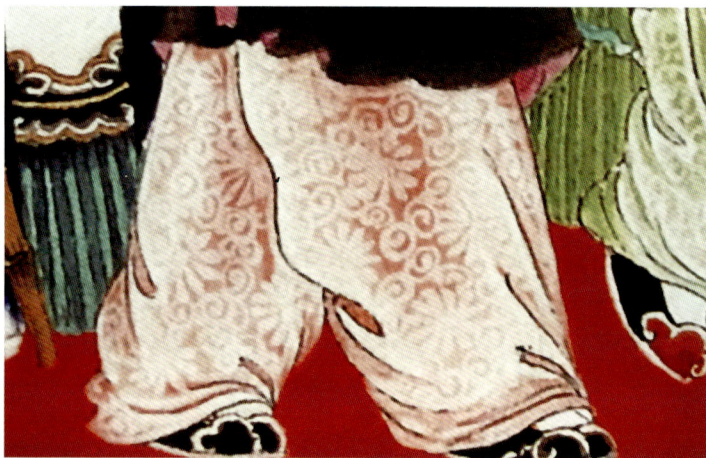

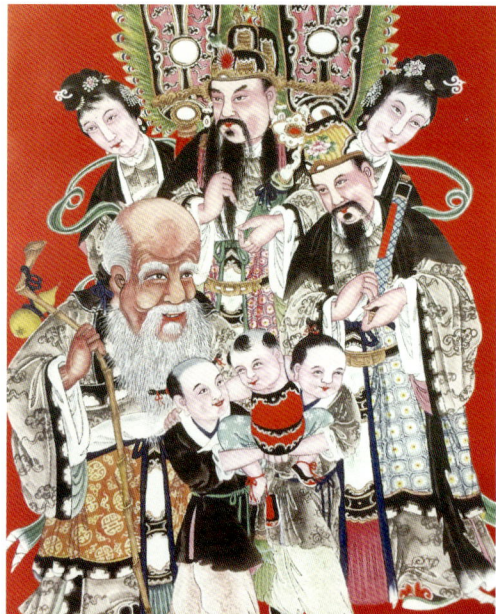

179 云纹兰花

清：戏剧图谱"王大娘"

美国纽约大都会艺术博物馆藏

　　此图为美国纽约大都会艺术博物馆展出清代戏剧人物图谱中的一幅，为戏剧人物"王大娘"扮相。纹样取自王大娘上衣，图中可见纹样以兰花为主题，以白色和绿色为主色调，底纹为简化的祥云纹。纹样排列较随机，但应为四方连续。

资料来源：美国纽约大都会艺术博物馆官网。

180 云纹玉兰

清：戏剧图谱"化身"

美国纽约大都会艺术博物馆藏

  此图为美国纽约大都会艺术博物馆展出清代戏剧人物图谱中的一幅，为某剧中的"化身"扮相，纹样取自人物的上衣，蓝色背景的云纹为地，点缀白色玉兰花；四方连续，清地排列。纹样风格较写实，花地分明，风格清新自然。

资料来源：美国纽约大都会艺术博物馆官网。

181 吉祥花果

胭脂虎
周夫人

穿戴脸儿俱照此样

清：《胭脂虎》之"周夫人"

美国纽约大都会艺术博物馆藏

此图为美国纽约大都会艺术博物馆展出清代戏剧人物图谱中的一幅，为其中一出《胭脂虎》中之"周夫人"扮相，纹样取自周夫人袍服，图中可见梅花、兰花、菊花和寿桃，是从四君子（梅兰竹菊）和具有吉祥意义的花果题材中选取符合人物特征的纹样绘制的。纹样土黄色为地，白色线描显花，排列有点随机，但应为四方连续。

资料来源：美国纽约大都会艺术博物馆官网。

文物图片来源（数字为本书纹样编号）

后　记

　　这个课题从启动到出版整整三年。在这一过程中，我们收获良多，不仅过手了数以千计的图像，采集了一千多幅织物纹样，复原了其中的260多幅，更对中国人物画的优秀传统、各种载体的绘画风格、历史人物的穿着和造型等均有了或深或浅的体会。难忘2014年暑假期间，师生一行数人长达半个多月的北京、山西与河南之行，那些古代遗留至今的寺观壁画巨制，那些坐落在大同华严寺、平遥双林寺和镇国寺、太原晋祠的精美绝伦的古代雕塑，那耸立在中原大地上的应县佛宫寺木塔，那忻州北朝壁画墓墓壁上的线条与色彩，那些在博物馆陈列展出的精美古代文物，甚至那些为我们打开偏远寺庙之门的质朴村民，所有这些带给我们的感动乃至震撼，也许是课题之外最大的收获吧。这些经历对同学们来说是宝贵的财富，为他们年轻的心注入了中华文化的源头活水，定将长久地滋润他们未来的人生。

　　最后，感谢同学们的辛苦付出。其中纹样绘制工作由王琴、孙培彦、童彤、陈希赟、王晓婷、赵牧云等同学承担。王琴主要负责唐卡与西藏壁画部分的纹样复原；孙培彦主要负责水陆画部分的纹样复原；童彤主要负责唐宋绘画部分的纹样复原；陈希赟负责元明清绘画部分的纹样复原；赵牧云负责部分寺观壁画的纹样复原；王晓婷最后加入团队，主要负责年画、壁画部分纹样的复原，同时也绘制了新增加的历代绘画部分的若干纹样。大家不辞辛苦，积少成多，终于积累了可观的数量，为出版这本纹样集奠定了基础。

　　除了纹样绘制外，资料收集工作也十分繁重。这部分工作主要由我、穆琛和孙培彦负责，王琴、童彤、陈希赟也参与了一部分工作。我们将采集到的大量纹样进行分类、归纳、整理，做成一千多张卡片，从中挑出值得复原的纹样进行绘制。没有先期的整理，就没有后期绘图工作的顺利进行。同时也要感谢陈伟同学，他在我们组织的中期成果展中做了陈列设计，并在纹样的再设计方面做了有益的探索。最后要祝贺孙培彦同学，她以水陆画中的染织纹样为主题，完成了一篇颇有分量的硕士论文，顺利通过答辩，并获得硕士学位。

　　感谢在课题进行过程中给予我们无私帮助的各位朋友。特别是暑假考察期间，我们遇到很多热心的师长、朋友，在采集纹样时给予我们方便和帮助，在此一并表示深深的感谢。

袁宣萍

2015 年 7 月初于杭州荆山书房

图书在版编目（CIP）数据

中国古代丝绸设计素材图系·图像卷/赵丰总主编；
袁宣萍分册主编. — 杭州：浙江大学出版社，2016.1
（2018.9重印）
ISBN 978-7-308-15572-4

Ⅰ. ①中… Ⅱ. ①赵… ②袁… Ⅲ. ①古丝绸—丝
织工艺—中国—图集 Ⅳ. ①K876.9-64②TS145.3-64

中国版本图书馆CIP数据核字（2016）第019638号

中国古代丝绸设计素材图系·图像卷

赵丰 总主编　　袁宣萍 分册主编

责任编辑	张远方　张　琛
责任校对	杨利军
封面设计	赵　帆　续设计
出版发行	浙江大学出版社
	（杭州市天目山路148号　　邮政编码310007）
	（网址：http://www.zjupress.com）
排　　版	杭州林智广告有限公司
印　　刷	浙江海虹彩色印务有限公司
开　　本	889mm×1194 mm　1/16
印　　张	14
字　　数	150千
版 印 次	2016年1月第1版　2018年9月第3次印刷
书　　号	ISBN 978-7-308-15572-4
定　　价	188.00元